Dignidade da Pessoa Humana
e
Mediação Familiar

Conselho Editorial
André Luís Callegari
Carlos Alberto Molinaro
César Landa Arroyo
Daniel Francisco Mitidiero
Darci Guimarães Ribeiro
Draiton Gonzaga de Souza
Elaine Harzheim Macedo
Eugênio Facchini Neto
Gabrielle Bezerra Sales Sarlet
Giovani Agostini Saavedra
Ingo Wolfgang Sarlet
José Antonio Montilla Martos
Jose Luiz Bolzan de Morais
José Maria Porras Ramirez
José Maria Rosa Tesheiner
Leandro Paulsen
Lenio Luiz Streck
Miguel Àngel Presno Linera
Paulo Antônio Caliendo Velloso da Silveira
Paulo Mota Pinto

Dados Internacionais de Catalogação na Publicação (CIP)

T465d   Thomé, Liane Maria Busnello

Dignidade da pessoa humana e mediação familiar / Liane Maria Busnello Thomé. 2. ed. com as atualizações do Código de Processo Civil de 2015. – Porto Alegre: Livraria do Advogado, 2018.

152 p.; 23 cm.

ISBN 978-85-9590-033-2

1. Direito de família. 2. Mediação familiar. I. Título.

CDU – 347.6

Índices para catálogo sistemático:
Direito de família   347.6
Mediação familiar   347.627.3

(Bibliotecária responsável: Marta Roberto, CRB-10/652)

LIANE MARIA BUSNELLO THOMÉ

Dignidade da Pessoa Humana
e
Mediação Familiar

2ª EDIÇÃO
com as atualizações do
Código de Processo Civil de 2015

livraria
DO ADVOGADO
editora

Porto Alegre, 2018

© Liane Maria Busnello Thomé, 2018

Projeto gráfico e diagramação
Livraria do Advogado Editora

Capa
Tiba

Revisão
Rosane Marques Borba

Direitos desta edição reservados por
Livraria do Advogado Editora Ltda.
Rua Riachuelo, 1300
90010-273 Porto Alegre RS
Fone/fax: 0800-51-7522
editora@livrariadoadvogado.com.br
www.doadvogado.com.br

Impresso no Brasil / Printed in Brazil

A meus pais, Cylon Ruben Thomé (em memória) e Ria Yara Busnello Thomé, por me ensinarem a reconhecer a dignidade das pessoas desde muito cedo.

Para Edson Marx e Silva e Gabriel Thomé Marx e Silva, por me ensinarem o companheirismo e a maternidade de forma singular. Amo todos vocês.

Agradecimentos

Ao meu orientador, Professor Dr. Ingo Wolfgang Sarlet, que dispôs de seu precioso tempo para me brindar com sua orientação firme, segura, pragmática e doce.

Às minhas amigas Maria Cristina Cereser Pezzella, Rosana Broglio Garbin e Luciene Barbiero Machado, que me estenderam a mão nesta jornada, mas, principalmente, pela amizade.

Apresentação da segunda edição

Essa obra é fruto de um caminho traçado há muito tempo, buscando meios autocompositivos de solução de conflitos. É uma trajetória que nunca termina e me traz grande satisfação pessoal. A técnica da mediação foi uma das formas escolhidas para o estudo e prática da solução dos conflitos em família. Da dissertação de mestrado no ano de 2007 e do desenvolvimento de trabalhos práticos envolvendo a mediação, a primeira edição dessa obra foi lançada no ano de 2010, com o objetivo não de esgotar o tema, mas de oferecer o compartilhamento de informações para auxiliar todos aqueles interessados na busca de caminhos menos dolorosos para as pessoas quando das rupturas familiares.

A segunda edição dessa obra muito me alegra, pois na época da primeira edição não tínhamos todo esse olhar que hoje o legislador traz com a mediação no Código de Processo Civil e na Lei de Mediação.

A tônica para todos os profissionais do direito após a inserção da mediação na legislação processual e em lei especial é a busca do diálogo, da negociação, da autonomia das pessoas e da responsabilidade de suas escolhas.

Hoje o que se oferece não é somente a decisão do conflito por um terceiro imparcial, mas decisões construídas pelas próprias pessoas envolvidas nos conflitos, em especial nos conflitos familiares, área do direito na qual atuo.

As formas autocompositivas são ainda desconhecidas por grande parte da população que vê na sentença do juiz a única alternativa para a solução dos conflitos.

O Judiciário tem um importante papel da condução da solução dos conflitos, mas oferecer formas autocompositivas é complementar e oportunizar às partes outros caminhos na condução das demandas que antes não tinham previsão legal.

A revisão da segunda edição acrescentou os artigos do Código de Processo Civil de 2015 nos temas já abordados, assim como atualizou o capítulo que trata das rupturas conjugais, tendo em vista a Emenda Constitucional de n. 66/2010.

No mais, de forma proposital, mantiveram-se os demais temas abordados, as decisões da época da obra, assim como o mesmo prefácio e posfácio que foram escritos por pessoas de muito valor para mim.

Desejo uma boa leitura!

Prefácio

A obra que ora tenho a honra e a alegria de prefaciar constitui versão revista e atualizada da dissertação de mestrado apresentada e defendida pela autora, Professora e Mestre LIANE MARIA BUSNELLO THOMÉ, no âmbito do Programa de Pós-Graduação em Direito da PUCRS. Como orientador da dissertação e presidente da banca examinadora, que também foi qualificada pela participação dos ilustres Professores Doutores Maria Cláudia Crespo Brauner (membro externo) e Carlos Alberto Molinaro (PUCRS), pude acompanhar a dedicação que LIANE devotou ao curso de Mestrado e ao seu trabalho final, que versa sobre temática profundamente conectada com a sua experiência profissional, designadamente a mediação na esfera das relações familiares e do Direito de Família. Aliás, é precisamente este vínculo que assegurou ao tema, mas especialmente ao modo pelo qual acabou sendo estudado e apresentado no presente texto, um toque peculiar, não um simples trabalho monográfico – por melhor que seja – resultante de uma coleta e consolidação de citações de teorias, mas sim algo resultante de uma vivência profícua e destinado a contribuir para outras experiências concretas, diretamente relevantes para os sujeitos de direito e de dignidade que acabam sendo autores e requeridos nos feitos que se amontoam nas Varas de Família em todo o Brasil, muito embora a mediação tenha um campo de aplicação muito mais amplo.

O liame entre a dignidade da pessoa humana e o instituto da mediação igualmente foi explorado sem – ao menos assim o percebo – incidir em um discurso panfletário, como infelizmente tem sido o caso com frequência. Pelo contrário, mediar – e mediar com propriedade – significa levar a sério a condição das partes (e mesmo os demais afetados pelo litígio) como sujeitos de sua existência e de suas opções, portanto como seres responsáveis e capazes de reconhecimento recíproco e de comunicação. Mediar significa privilegiar a participação no processo e significa ouvir e respeitar o outro e a si mesmo, viabilizando que também o processo seja um lugar de encontro e de reconstrução de uma trajetória, não mais apenas um meio de encerrar um conflito.

De qualquer modo, não pretendendo discorrer sobre o instituto que a autora tão bem domina, na teoria e na prática, o que me anima, além da satisfação pessoal de ver a autora levar à publicação mais uma dissertação de mestrado, é a esperança de que a despeito deste sumário prefácio, a autora tenha pleno sucesso com a divulgação do texto e, acima de tudo, com a sua função de auxiliar na incorporação cada vez maior – desde que criteriosamente avaliada e regulada – da mediação ao dia a dia forense.

Dito isso, resta parabenizar a autora e a editora pela publicação e almejar que a obra tenha a merecida receptividade.

De Munique para Porto Alegre, julho de 2010.

Prof. Dr. Ingo Wolfgang Sarlet
Professor Titular da Faculdade de Direito e do
Programa de Pós-Graduação em Direito (Mestrado e Doutorado)
da PUCRS. Juiz de Direito no RS.

Sumário

Introdução 15
1. **Permanente reconstrução da família e o moderno Direito de Família** ... 19
   1.1. Família: um modelo aberto 19
   1.2. Constitucionalização do Direito de Família brasileiro e sua
        repercussão legislativa 29
2. **Princípios constitucionais e Direito de Família no brasileiro** 45
   2.1. Significado jurídico do princípio da dignidade da pessoa humana
        para o Direito de Família 46
        2.1.1. A dimensão do termo "dignidade" 47
   2.2. Princípio da solidariedade na família brasileira 58
   2.3. Princípio da pluralidade na família brasileira 62
   2.4. Princípio da isonomia dos membros da família brasileira 70
        2.4.1. Isonomia dos gêneros humanos 70
        2.4.2. A mulher no contexto da isonomia 72
        2.4.3. Isonomia e proteção dos filhos menores de idade 76
   2.5. Princípio da liberdade e da autonomia de vontade na família brasileira . 81
3. **Ruptura do casal em família** 87
   3.1. Tratamento legislativo antes do Código Civil brasileiro de 2002 88
   3.2. Tratamento legislativo antes da EC n° 66/10, que alterou o
        § 6° do artigo 226 da Constituição Federal 93
   3.3. Divórcio judicial: consensual e litigioso antes da EC n° 66/10, que
        alterou o § 6° do artigo 226 da Constituição Federal 98
   3.4. Divórcio e separação extrajudicial consensual 101
   3.5. Dissolução de união estável 101
   3.6. Efeitos patrimoniais da separação de fato 103
   3.7. Papel da culpa no ordenamento jurídico brasileiro 107

4. Mediação como instrumento de promoção do princípio constitucional da dignidade da pessoa humana 113
    4.1. Mediação no Código de Processo Civil de 2015 113
        4.1.1. Descumprimento de acordos ou sentenças 116
        4.1.2. Mediação em família 124
        4.1.3. Ensaio empírico da mediação familiar 120
    4.2. Papel do mediador 130

Conclusão 135

Pósfacio – *José Carlos Teixeira Giorgis* 139

Referências 145

Anexo – Projeto Mediação Jurídica 151

Introdução

A família exerce um papel fundamental na formação da personalidade de seus integrantes.

O ser humano, elevado a centro de preocupação e proteção do ordenamento jurídico, por meio do princípio da dignidade da pessoa humana, a partir da Constituição Federal de 1988, redimensionou seu papel na família, tanto pessoal quanto conjugal, por meio da igualdade conferida a ambos os cônjuges na condução dos interesses da família, recebendo um olhar de maior proteção dentro desse núcleo, principalmente em relação às crianças e aos adolescentes.

A liberdade de constituição da família e a autonomia de vontade na condução dos vínculos envolvidos trouxeram como consequência uma maior responsabilidade a seus integrantes, possibilitando a reconstituição familiar sem a interferência direta do Estado.

A família, em constante reconstrução, se transformou em uma comunidade de afeto, voltada para o desenvolvimento individual de cada um de seus integrantes e do próprio grupo familiar.

O término do amor conjugal é uma situação comum no contexto da vida familiar moderna, assim como ocorria no século passado, com a diferença de que naquela época anterior à Lei do Divórcio de nº 6.515/77, não se falava e nem se legislava sobre a possibilidade da dissolução do vínculo matrimonial, com receio de que a família, então base da sociedade brasileira, sucumbisse.

O tempo demonstrou que o divórcio não terminou com a família. Ao contrário, tornou-a mais real e fortalecida, pois fundamentada na liberdade, na igualdade, na responsabilidade e no desejo de permanência.

O que move o homem é o desejo; portanto, enquanto houver desejo de continuar junto, a família permanece nas suas diversas formas originárias de constituição e quando o desejo terminar, a família deverá se reconstruir para se fortalecer e surgir sob nova configuração.

Quando ocorre a ruptura conjugal do grupo familiar, o Direito oferece soluções jurídicas que, muitas vezes, não conseguem restabelecer os laços parentais para a nova família.

A mediação vem se apresentando como espaço de escuta para os casais no momento da ruptura conjugal e uma oportunidade do restabelecimento da comunicação obstruída quando do conflito, capacitando o diálogo conjugal e a construção de soluções singulares e mais apropriadas à realidade daquela família e, principalmente, dos novos papéis parentais em relação aos filhos menores de idade e incapazes, em conformidade com os princípios de liberdade, igualdade, solidariedade e responsabilidade, trazidos pela Carta Política de 1988 às famílias brasileiras.

A presente obra é fruto de uma dissertação de mestrado defendida na Pontifícia Universidade Católica do Rio Grande do Sul, no ano de 2007, e também resultado de um trabalho prático de mediação familiar desenvolvido junto ao Foro de Gravataí e junto ao Serviço de Assistência Jurídica Gratuita da Universidade Luterana do Brasil desde 2001 até o ano de 2011.

A partir do ano de 2015, a mediação passou a ser prevista no Código de Processo Civil e na Lei 13.140, trazendo mais um desafio aos profissionais do direito que hoje necessitam conhecer as técnicas da mediação para atuar e oferecer formas mais adequadas de solução de conflitos aos jurisdicionados.

Esse estudo, agora revisado com base no Código de Processo Civil de 2015, tem a pretensão de apresentar a mediação não como um instrumento de solução para todas as questões envolvendo conflitos de família, mas como um instrumento capaz de auxiliar as pessoas a desenvolverem capacidades próprias para resolver seus conflitos familiares de forma digna, restabelecendo novas e criativas formas de se relacionarem, desde que assim o desejem.

A família brasileira é plural e aberta a novas configurações afetivas. A influência da Constituição Federal brasileira no Direito de Família, trazendo uma interferência mais intensa na vida privada com o reconhecimento do ser humano como pressuposto de proteção do Estado, e não mais da instituição família, torna a família um local de expressão da dignidade de cada pessoa.

O princípio da dignidade da pessoa humana é o princípio norteador de todas as relações sociais e, principalmente, das relações familiares, assim como os princípios de solidariedade, pluralidade, isonomia e liberdade que orientam as relações familiares. A mediação é um instrumento capaz de possibilitar rupturas conjugais menos traumáticas e um espaço onde as partes em conflito podem ser ouvidas, resgatando a comunicação e o diálogo interrompido, transformando o processo de ruptura do vínculo conjugal num momento de promoção da dignidade da pessoa humana com a busca da realização individual e das relações familiares reconstituídas, por meio de acordos e soluções mais próprios de cada pessoa humana envolvida no conflito.

Que o presente trabalho possa contribuir para a busca de novos instrumentos capazes de oferecer soluções menos traumáticas e sofridas no momento de separações, divórcios e dissoluções de uniões estáveis litigiosos e, quem sabe, outro olhar para todos aqueles que, de alguma forma, possam ter influência e interferência nas situações de rupturas de casais, tanto suas como nas de outras pessoas, lembrando que o que permanece, após uma perda ou ruptura, é o afeto que pode surgir de forma espontânea, mas que, para permanecer deve ser constantemente reforçado, construído, reconstruído, valorizado e respeitado.

1. Permanente reconstrução da família e o moderno Direito de Família

A família brasileira está em constante transformação, e o ser humano, elemento fundante da família, está sempre na busca da felicidade, de seu bem-estar, e essa busca exige permanente movimento.

1.1. Família: um modelo aberto

Toda a pessoa humana nasce em uma família, seja ela constituída pelo casamento, pela união estável, por famílias monoparentais, homoafetivas ou famílias simultâneas. No Código Civil de 1916, a família reconhecida e protegida pelo ordenamento jurídico correspondia apenas a um modelo único, constituído pelo casamento indissolúvel entre os cônjuges e sob o poder marital e familiar do homem em relação à mulher e aos filhos; entretanto, com a Constituição Federal de 1988, a família passou a ser reconhecida por um modelo aberto e plural, nas suas mais variadas formações, tendo como fundamento a dignidade da pessoa humana e o respeito pela liberdade de cada ser humano de formar sua família de acordo com seu desejo e vontade.

É na família que se inicia a moldagem das potencialidades do ser humano com o propósito de convivência em sociedade e de realização pessoal.[1]

---

[1] FARIAS, Cristiano Chaves de. *A Separação Judicial à Luz do Garantismo Constitucional:* A afirmação da Dignidade da Pessoa Humana como um Réquiem para a Culpa na Dissolução do Casamento. Rio de Janeiro: Lumen Juris, 2006, p. 1.

Quanto mais estruturada estiver a família, baseada em valores afetivos, de respeito ao outro, igualdade, convivência pacífica e proteção de seus integrantes, maior influência terá no desenvolvimento das potencialidades de cada ser humano na busca de uma maior autonomia e responsabilidade por seus atos, tanto em relação a cada um, como em relação a todo o ambiente social em que vive.

A família para cada ser humano se reveste de diferentes concepções, trazendo consigo uma feição real e outra ideal. A família pode ser um lugar de intimidade, carinho, proteção, reconhecimento, compartilhamento de sonhos, desejos e realizações, mas também pode ser um lugar de competições, disputas, invejas, submissão e sofrimentos.

É inegável que todos os seres humanos buscam na família, qualquer que seja sua representação, um local onde possam ser livres, felizes e onde se realizem integralmente.

A busca da felicidade é que move o ser humano a descobrir novas formas de se relacionar, promovendo o desenvolvimento de sua personalidade, e é no ambiente privado da família que o ser humano procura refúgio das pressões econômicas e sociais.

É na família que a pessoa humana se reconhece e pode expressar seus sentimentos de solidariedade, liberdade e auxílio mútuo e quando a família não cumpre com sua função de desenvolvimento da personalidade humana e de espaço de realização afetiva, cabe ao legislador proteger aqueles integrantes que estão em situação de vulnerabilidade, rompendo com o modelo inflexível da família do Código Civil de 1916, conduzida e chefiada por meio do poder marital e do pátrio poder do homem, em que a mulher e os filhos menores de idade não tinham autonomia de vontade, nem identidades próprias, apenas cumpriam um papel predeterminado no ambiente familiar.

Segundo a magistrada Rosana Broglio Garbin, as transformações sociais vêm-se concretizando de maneira mais rápida e dinâmica nas últimas décadas, fenômeno que também atinge a instituição familiar. Surge daí a necessidade do reconhecimento de que a família também sofreu transformações. Hoje o modelo matrimonializado já não é o único que existe. As formas de família são bastante variadas e exigem o reconhecimento e proteção por parte do direito a todas essas entidades familiares.[2]

Ao Estado cabe a função de preservar as diversas formas de o ser humano buscar sua realização pessoal, em especial na família, pois é ela o primeiro espaço em que se aprende o relacionamento com o outro, em que se descobrem os limites de uma convivência saudável e enriquecedora, em que os valores de solidariedade, cooperação, auxílio mútuo se nutrem, se desenvolvem e se estendem para o convívio social.

É na família que o indivíduo compreende os limites temporais e materiais de uma convivência que precisa de tempo e desprendimento para se solidificar e crescer. A autonomia de vontade pode ser apreendida na família, por meio do respeito ao outro e da responsabilidade de cada um por seus atos.

O poder familiar hoje é visto como um dever dos pais em relação aos filhos menores de idade, e esse dever não é limitado à educação e cuidados físicos, mas se estende para proporcionar maior poder de decisão dos filhos sobre seus atos, considerando seu melhor interesse, sua idade e capacidade de entendimento, desenvolvendo um ser humano mais inteiro, independente e responsável por suas atitudes.

A família é o primeiro lugar referencial de formação da personalidade humana e é nela que se identificam as características básicas de personalidade, afeto e reconhecimento da pessoa. É o berço onde descansa a história de cada um.

A família deste novo século é impregnada de formas que escapam dos modelos tradicionais do século que se encerrou, mas refletem um novo olhar sob suas configurações.

Essas diversas formas de família já existiam no século que findou, mas a sociedade e o Estado negavam seu reconhecimento, dispondo, no sistema jurídico, apenas sobre a instituição do casamento indissolúvel, modelo centrado no patrimônio e na figura do homem como o chefe da sociedade conjugal.

---

[2] GARBIN, Rosana Broglio. *Famílias monoparentais*: da visão singular ao modelo plural. A teoria e a prática dos saberes do cotidiano. Porto Alegre: AJURIS, 2005, p. 215-216.

O modelo do Código Civil de 1916 não sustentou as transformações pelas quais passaram os indivíduos na busca da igualdade e de relacionamentos baseados em escolhas pessoais e afetivas.

O relacionamento familiar é uma moeda de duas faces, que pode desenvolver o ser humano ou aprisioná-lo; que pode criar laços de amizade, solidariedade e harmonia ou que pode produzir disputas, sofrimentos, doenças que se estendem ao longo de toda uma existência humana. É no ambiente familiar que o ser humano pode se expressar e se reconhecer, por meio de sentimento de solidariedade, liberdade, respeito e auxílio mútuo.

A família pode ser um instrumento de realização da pessoa humana, mas também pode se tornar um local de opressão, submissão, violência, e é nesse ambiente privado familiar conflituoso que o Estado deve interferir, regulando formas para buscar a igualdade substancial de cada integrante da família.

A família brasileira deixada no século passado e no Código Civil de 1916 era conhecida por um único modelo, engessado, hierarquizado, patrimonializado e modelo protegido por normas cogentes, de caráter público, que não estavam à disposição da vontade das partes e que viam no casamento válido sua única forma de reconhecimento pelo Estado.

Esse referencial não respondia mais às exigências de realizações pessoais dos indivíduos, que buscavam na família um local de desenvolvimento e crescimento afetivo, exigindo do Estado uma nova postura em relação às famílias brasileiras.

O Código Civil de 1916 tinha a audaciosa proposta de disciplinar grande parte das relações privadas, sendo, até o advento da Constituição Federal de 1988, o regulamento monopolizador destas relações, embora já existissem leis extravagantes buscando o equilíbrio nas relações dos cônjuges e regulando as novas formações afetivas familiares, como, por exemplo, o Estatuto da Mulher Casada, Lei nº 4.121/62, e a Lei do Divórcio, nº 6.515/77, ocorrendo uma mudança gradativa da família, num primeiro momento, com a posição mais equilibrada da mulher na relação conjugal e após, pela possibilidade da dissolução da Sociedade Conjugal, pois antes dessas duas leis extravagantes, a família era tida como um fim em si mesmo, a mulher era tratada de forma rígida, submetida ao controle absoluto do varão, por meio do poder marital, e os filhos eram submetidos ao pátrio poder, em observância à concepção da família instituída no Código francês de 1804, em que o homem representava, na família por ele chefiada, o Imperador do Estado francês, no simbolismo concebido por Napoleão.[3]

Para Leonardo Barreto Moreira Alves,[4] o Código Civil de 1916 pretendeu controlar a dinâmica social, tentando impor à sociedade um conceito único de família, ao prever que apenas o casamento poderia legitimar a formação deste ente, recebendo gracioso tratamento no diploma civilista, em nada menos que robustos cento e quarenta e nove artigos.

O casamento válido tinha finalidade de cunho eminentemente econômico, e o regime matrimonial de bens teve tratamento primordial do legislador, em nada menos do que cinquenta e nove artigos do Código Civil de 1916. Os institutos de proteção como tutela, curatela e ausência, que deveriam resguardar com absoluta prioridade os interesses do indivíduo enquanto pessoa humana, eram verdadeiros estatutos legais de administração de bens, assim como os impedimentos matrimoniais indicados no artigo 183, incisos XIII, XV e XVI, tinham como fundamento a defesa do patrimônio, e não das pessoas.[5]

A família matrimonializada se formava para cumprir um papel social da época, sendo chefiada e administrada pelo homem, por meio do poder marital sobre a mulher e o pátrio poder sobre os filhos menores de idade, e as relações afetivas que se formavam à margem do casamento também ficavam à margem da proteção do Estado.

Família era uma instituição de consanguinidade, parentesco legítimo e inconstantes laços afetivos, pois homens e mulheres constituíam suas relações baseados em interesses patrimoniais, sociais e morais, pouco importando a indagação acerca da realização pessoal de cada integrante da família.

---

[3] GAMA, Guilherme Calmon Nogueira da; GUERRA, Leandro dos Santos. A Função Social da Família. *Revista Brasileira de Direito de Família*, Porto Alegre, ano III, n. 39, p. 155, dez./jan., 2007.

[4] ALVES, Leonardo Barreto Moreira. A Função Social da Família. O Reconhecimento Legal do Conceito Moderno de Família: art. 5º, II, parágrafo único, da Lei n. 11.340 (Lei Maria da Penha). *Revista Brasileira de Direito de Família*, Porto Alegre, ano III, n. 39, p. 134-135, dez./jan., 2007.

[5] ALVES, op. cit., 2007.

As relações afetivas que não estivessem ajustadas no modelo estatal de 1916 eram ignoradas ou normatizadas de forma discriminatória, visando à proteção da família intitulada legítima.[6] As relações afetivas não fundadas no casamento eram tidas como ilegais e imorais para a sociedade da época.

Omitiu-se o legislador do Código Civil de 1916 de reconhecer a união estável entre homem e mulher e, com o propósito de proteger a família matrimonializada, vedou a possibilidade de as pessoas unidas por esses laços informais, em especial as concubinas, serem beneficiadas por doações e testamentos de seus concubinos.

Essas punições legislativas não lograram êxito em proibir os relacionamentos não matrimoniais que sempre existiram e existirão, e quando chegaram aos Tribunais demandas judiciais de rompimento desses relacionamentos, pela dissolução ou por morte de um dos concubinos, o Judiciário iniciou o reconhecimento de efeitos patrimoniais dessas uniões e, juntamente com advogados, doutrinadores e juristas, formou uma jurisprudência concubinária que a final, foi amparada pela Constituição Federal de 1988.

Para Maria Cláudia Crespo Brauner,[7] a organização da família está vinculada à mudança, mas o tratamento auferido pelo Direito brasileiro às relações familiares ficou alheio ao processo de transformação das relações de família e de suas necessidades, de modo que foi necessário criar um novo paradigma, instituído pelo modelo constitucional que operou uma substituição ao consagrado modelo de família do Código Civil brasileiro de 1916.

Desta forma, o casamento como modelo de família reconhecido pelo Estado deixou de representar a única espécie de família, não havendo mais referência e amparo somente a este modelo, pas-

---

[6] Art. 1.177 do CC 1916 – A doação do cônjuge adúltero ao seu cúmplice pode ser anulada pelo outro cônjuge, ou por seus herdeiros necessários, até 2 (dois) anos depois de dissolvida a sociedade conjugal (arts. 178, § 7º, VI, e 248, IV). Art. 1.719. Não podem também ser nomeados herdeiros, nem legatários: III – a concubina do testador casado;

[7] BRAUNER, Maria Cláudia Crespo. O Pluralismo no Direito de Família Brasileiro: realidade social e reinvenção da família. In: WELTER, Belmiro Pedro; MADALENO, Rolf Hanssen. (coords.). *Direitos Fundamentais do Direito de Família*. Porto Alegre: Livraria do Advogado, 2004, p. 257.

sando o indivíduo a ser o centro de proteção do sistema jurídico nas suas diversas formas de expressão do amor.

Segundo Michelle Perrot,[8] não é a família em si que se está recusando, mas esse modelo rígido e normativo. É rejeitado o nó, e não o ninho. A casa é, cada vez mais, o centro da existência do ser humano. O lar oferece, num mundo duro, um abrigo, uma proteção, um pouco de calor humano. O que se deseja é conciliar as vantagens da solidariedade familiar e as da liberdade individual. Segue afirmando que o que se gostaria de conservar da família no terceiro milênio são os aspectos de solidariedade, fraternidade, ajuda mútua, laços de afeto e amor.

A família representa o ponto de partida de todo o ser humano para alçar voos às demais relações afetivas que não se expressam somente no modelo nuclear de pai, mãe e filho da pequena família burguesa, patriarcal, hierarquizada, com ênfase no patrimônio, mas nas várias estruturas e modelos, passando do singular ao plural, preenchendo as diversas formas afetivas que vão se apresentando ao longo da existência humana, num modelo aberto, como uma tela em branco aguardando o artista desenhar os contornos e cores dessa nova família, viva, autêntica, intensa e única.

Na lição de Rodrigo da Cunha Pereira,[9] a travessia para o novo milênio transporta valores totalmente diferentes, mas traz como valor maior uma conquista: a família não é mais essencialmente um núcleo econômico e de reprodução, no qual sempre esteve instalada a suposta superioridade masculina. Passa a ser – muito mais que isso – o espaço para o desenvolvimento do companheirismo, do amor e, acima de tudo, o núcleo formador da pessoa e elemento fundante do próprio sujeito. Segue afirmando que as relações mais íntimas são justamente as que estão mais sujeitas à eclosão de conflitos, por isso, as relações familiares são intrincadas e complexas. Há uma constante polaridade: amor e ódio nem sempre são exclu-

---

[8] PERROT, Michelle. O Nó e o Ninho. Repositório de Jurisprudência autorizado pelo Supremo Tribunal Federal sob n. 004/85 e pelo Superior Tribunal de Justiça, sob n. 12 (portaria n. 8/9), *Revista de Direito Civil, Imobiliário, Agrário e Empresarial*, p. 81.

[9] PEREIRA, Rodrigo da Cunha; DIAS, Maria Berenice. (coords.). Direito de Família e o Novo Direito Civil. Resenha de Livros. *Revista Brasileira de Direito de Família*, Porto Alegre, n. 11, p. 139, out./nov./dez., 2001.

dentes. Mas assim é o ser humano. Assim são os vínculos familiares.

A família democrática, plural, aberta, solidária e livre é o modelo idealizado para o ser humano neste novo século, o que não significa afirmar que seja esta a realidade da família brasileira, pois os papéis conjugais e parentais podem seguir o modelo do século passado, com a submissão da mulher e dos filhos ao homem, com a violência, com os abusos psicológicos e sexuais dentro do ambiente familiar, exigindo do Estado uma intervenção concreta para coibir essas condutas.

Na assertiva de Heloisa Helena Barboza,[10] a família, em qualquer das formas que assuma, representa hoje o berço da cidadania, não sendo mais possível pensar uma lei civil das relações familiares que não se destinem a todos os seus membros.

Cada membro que compõe uma família merece o olhar protetivo do Estado de forma singular e conforme suas peculiaridades para propiciar um ambiente familiar favorável ao desenvolvimento afetivo, psicológico e físico de todos os seres humanos que compõem as diversas formas das famílias brasileiras.

É por esta razão que a dissolução dos laços de casais, por meio do divórcio e dissolução de união estável, deve buscar formas distanciadas dos longos processos judiciais litigiosos para preservar os laços de filiação e coparticipação parental, pois sem o amparo de uma família, a trajetória pessoal de cada ser humano pode-se tornar mais difícil e dolorosa do que a daqueles que encontram suporte na família para superar as dificuldades impostas pela vida.

Para Marques Filho,[11] a família busca conciliar as vantagens de um mínimo de concreta solidariedade familiar, de real liberdade individual, e as portas que se encerram para a família matrimonializada e biológica se abrem para uma comunidade informal de afeto.

---

[10] BARBOZA, Heloisa Helena. O Direito de Família no Projeto de Código Civil: Considerações sobre o "Direito Pessoal". *Revista Brasileira de Direito de Família*, Porto Alegre, v. 11, p. 30, out./nov./dez., 2001.

[11] MARQUES FILHO, Agostinho Ramalho. et al. *Direito e Neoliberalismo: elementos para uma leitura interdisciplinar.* Curitiba: Editora do Instituto Brasileiro de Estudos Jurídicos, 1996, p. 150.

Hoje, o término do amor entre os cônjuges justifica, por si só, a dissolução do vínculo conjugal, da união estável e o estabelecimento de novas relações afetivas com ou sem casamento.

É a liberdade individual de permanecer ou não casado, de formar vínculos afetivos destituídos dos preconceitos e da negativa de proteção outrora dispensados pelo ordenamento jurídico anterior à Constituição Federal de 1988, que justifica a permanência ou não daquela família.

A Declaração Universal dos Direitos do Homem, de 10 de dezembro de 1948, assegura o direito de cada ser humano fundar uma família, asseverando, no artigo 163, que "A família é o núcleo natural e fundamental da sociedade e tem direito à proteção da sociedade e do Estado", sendo que deste dispositivo defluem evidentes conclusões, quais sejam: que a família não é só aquela constituída pelo casamento, tendo direito de reconhecimento as demais entidades socialmente constituídas; que a família não é célula do Estado (domínio da política), mas da sociedade civil, não podendo o Estado tratá-la como parte sua, e que a família é concebida como espaço de realização da dignidade da pessoa humana.[12]

A realização pessoal de cada ser humano e sua escolha afetiva familiar devem ser preservadas e protegidas à luz do princípio da dignidade da pessoa humana.

A família, em todas as suas formas de constituição, representa, por meio da afetividade e solidariedade, a realização da dignidade de cada um dos seus membros, pois segundo Paulo Luiz Netto Lôbo,[13] "o humanismo só se constrói na solidariedade com o outro".

O afeto é consequência do desejo de estar junto com o outro, e o vínculo afetivo é consequência da vontade que, em determinado momento, pode deixar de existir. Isso não significa o fim da família, mas o surgimento de uma nova configuração familiar, principalmente quando existem filhos, e os vínculos parentais são mantidos e fortalecidos com a participação de ambos os genitores no desenvolvimento da prole comum.

---

[12] LÔBO, Paulo Luiz Netto. A Repersonalização das Relações de Família, op. cit., p. 138.
[13] Idem, p. 156.

Para Luiz Edson Fachin,[14] da família matrimonializada por contrato chegou-se à família informal, precisamente porque o afeto não é um dever, e a coabitação, uma opção, um ato de liberdade.

A família tradicional apresenta-se triplamente desigual: nela, os homens têm mais valor que as mulheres, os pais, maior importância que os filhos e os heterossexuais mais direitos que os homossexuais, mas em contraposição ao modelo tradicional, propõe-se o modelo de família democrática, em que não há direitos sem responsabilidades, nem autoridade sem democracia, e em que se busca pôr em prática o *slogan* revolucionário: igualdade, liberdade e solidariedade.[15]

As pessoas estão em constante mutação, seus interesses variam e, com o contato social desenvolvido durante a vida, surgem novos interesses e novos vínculos, que podem se aprofundar ou se tornar superficiais, até que em um determinado momento não sustentam mais os vínculos iniciais.

O contato social trazido pelos vínculos afetivos familiares interessa ao Estado que reconhece no afeto o elemento orientador das relações familiares, principalmente após a publicação da Constituição Federal de 1988, que agregou diversos princípios protetivos para as relações familiares.

A família é um fato socioafetivo e jurídico, que se altera num determinado contexto e ambiente, podendo ou não ser uma forma de promoção ou de violação da dignidade da pessoa humana.

O fato de a família ter evoluído para um estágio de relações mais autênticas, na busca da realização pessoal de cada membro, não significa afirmar a inexistência de relações familiares conturbadas, violentas e de submissão, exigindo do legislador uma regulamentação para o combate à discriminação, ao desamparo de crianças, adolescentes, mulheres e idosos, ou seja, dos integrantes mais vulneráveis da família, bem como soluções não previstas na legislação, mas que podem trazer resultados para os conflitos

---

[14] FACHIN, Luiz Edson. A Nova Filiação – Crise e Superação do Estabelecimento da Paternidade. In: I Congresso de Direito de Família. Repensando o direito de família, 1999, Belo Horizonte. *Anais*. Belo Horizonte: Del Rey, 1999, p. 133.

[15] MORAES, Maria Celina Bodin de. A família Democrática. In: PEREIRA, Rodrigo da Cunha. (coord.). V Congresso Brasileiro de Direito de Família, 2006, Belo Horizonte. *Anais*. Belo Horizonte: IBDFAM, 2006, p. 617.

familiares baseadas numa maior autonomia de vontade, vinculação e de responsabilidade das partes nos acordos estabelecidos.

O mito da família feliz deve ser sempre questionado para que o Direito possa se ajustar aos fatos, buscando a proteção da família como núcleo de afetividade, de respeito, de solidariedade e de liberdade. O que se espera da família nesse novo século é sua permanente reconstrução, pois o ser humano, fonte e fundamento da família, está em constante construção na busca por seu aperfeiçoamento e por uma vida mais feliz, em casa e na sociedade.

A família representa uma das dimensões da pessoa humana, podendo ser um local de promoção de sua dignidade, quando protege e desenvolve a personalidade humana, representando, para o Estado, um lugar privado, de liberdade e responsabilidade, mas quando a família, ao contrário, se apresenta como um local de opressão, violência e submissão do ser humano, deixa de ser um lugar privado para sofrer a interferência direta do Estado, por meio de normas públicas cogentes, visando à proteção da pessoa humana.

A família que se busca e se quer promover é aquela representada pelo espaço de realização existencial da pessoa humana, um lugar de afeto, de liberdade, respeito e de reconhecimento da dignidade de cada um de seus membros, o que significa também reconhecer que o afeto, a liberdade, o respeito, a solidariedade e a dignidade não estão presentes em todas as famílias brasileiras. No entanto, essa família, reconhecida pela Constituição Federal de 1988, oferece o caminho para o legislador e todos os envolvidos nas questões relacionadas a ela, a busca de soluções aos conflitos familiares com base nos princípios estabelecidos pela Carta Magna.

1.2. Constitucionalização do Direito de Família brasileiro e sua repercussão legislativa

As Constituições brasileiras reproduzem as fases históricas que o país viveu em relação à família. As Constituições de 1824 e 1891 são marcadamente liberais e individualistas, não tutelando as relações familiares. Na Carta Política de 1891, há um único dispositivo, artigo 72, § 4º, afirmando: "A República só reconhece o casamento civil, cuja celebração é gratuita". Já as Constituições de 1934 a 1988 destinaram à família brasileira normas explícitas, sendo que a Constituição democrática de 1934 dedica todo um capítulo a essa instituição, fazendo referência, pela primeira vez, expressamente, à proteção especial do Estado, expressão repetida nas Constituições subsequentes. Na Carta Magna autoritária do ano de 1937, a educação surge como dever dos pais, os filhos naturais são equiparados aos legítimos, e o Estado assume a tutela das crianças em caso de abandono pelos pais. A Constituição democrática de 1946 estimula a prole numerosa e assegura assistência à maternidade, à infância e à adolescência.[16]

A Constituição Federal de 1988 passou a influenciar a interpretação e aplicação de todas as normas infraconstitucionais, não se concebendo mais a ideia de um direito privado que não esteja em consonância com os princípios constitucionais ditados pela Carta Política Cidadã.

A Carta Constitucional privilegiou o ser humano como sede principal de proteção jurídica, além das fronteiras do individualismo do século que se encerrou, e novos desafios se lançam para a conquista do efetivo reconhecimento desses direitos.

A Carta Cidadã de 1988 reflete o trabalho desempenhado pelos advogados militantes, juristas e doutrinadores que ajudaram a construir um corpo de decisões buscando a realização individual e o exercício da autonomia das relações afetivas.

Afirma Gustavo Tepedino[17] que o desenvolvimento pleno da pessoa humana e de sua personalidade é o elemento finalístico da proteção estatal, para cuja realização devem convergir todas as normas de direito positivo, em particular aquelas que disciplinam o Direito de Família, regulando as relações mais íntimas e intensas do indivíduo no meio social.

A Constituição Federal de 1988[18] oferece parâmetros para o exercício do necessário controle da atividade econômica privada, seja por seu caráter compromissório, seja por sua posição superior no ordenamento jurídico brasileiro, devendo ser utilizada sem cerimônia pelo operador jurídico, aproveitando-se da opção do

---

[16] LÔBO, Paulo Luiz Netto. A Repersonalização das Relações de Família, op. cit., p. 143.
[17] TEPEDINO, Gustavo. *Temas de Direito Civil*. Rio de Janeiro: Renovar, 1999, p. 326.
[18] Idem, p. 66-67.

constituinte pela intervenção nos institutos do Direito Civil, como propriedade, família, atividade empresarial e relação de consumo.

No que tange especificamente à proteção da pessoa humana, mantém-se despercebida pelos civilistas a cláusula geral de tutela fixada pela Constituição, nos artigos 1º, III, 3º, III, e 5º, § 2º.[19]

A proteção e o reconhecimento da dignidade da pessoa humana, a redução das desigualdades sociais e outros direitos e garantias não expressos na Constituição Federal de 1988, mas decorrentes dos princípios adotados por ela, definem uma nova ordem pública, de onde não se podem excluir as relações privadas.[20]

A intervenção estatal e o papel que a regulamentação jurídica passou a desempenhar na economia e na vida civil podem ser encarados como elemento integrante das profundas mudanças ocorridas no Direito privado, e o novo peso dado ao fenômeno do intervencionismo estatal importa em rejeitar a ideia de invasão da esfera pública sobre a privada para admitir a estrutural transformação do conceito de Direito Civil amplo o suficiente para abrigar na tutela das atividades e dos interesses da pessoa humana, técnicas e instrumentos tradicionalmente próprios do Direito Público, como por exemplo, a aplicação direta das normas constitucionais nas relações jurídicas privadas.[21]

A partir do advento da Constituição Federal e das diversas normas infraconstitucionais regulando as relações privadas antes restritas ao Código Civil de 1916, resta claro que as normas de interesse privado foram deslocadas para a Constituição Federal de

---

[19] Art. 1º A República Federativa do Brasil, formada pela união indissolúvel dos Estados e Municípios e do Distrito Federal, constitui-se em Estado Democrático de Direito e tem como fundamentais: [...] III – a dignidade da pessoa humana. [...] Art. 3º Constituem objetivos fundamentais da República Federativa do Brasil: [...] III – erradicar a pobreza e a marginalização e reduzir as desigualdades sociais e regionais; [...] Art. 5º Todos são iguais perante a leis, sem distinção de qualquer natureza, garantindo-se aos brasileiros e estrangeiros residentes no País a inviolabilidade do direito à vida, à liberdade, à igualdade, à segurança e à propriedade nos termos seguintes: [...] § 2º O direitos e garantias expressos nesta Constituição não excluem outros decorrentes do regime de os princípios por ela adotados, ou dos tratados internacionais em que a República Federativa do Brasil seja parte.

[20] TEPEDINO, Gustavo, op. cit., p. 67.

[21] MORAES, Maria Celina Bodin de. A Caminho de um Direito Civil Constitucional. *Revista de Direito Civil*, São Paulo, n. 65, p. 22-23, 1993.

1988, em respeito à hierarquia das fontes normativas, a partir da consciência da unidade do sistema jurídico.[22]

Assevera Guilherme Calmon Nogueira da Gama[23] que o Direito Civil, apoiado e informado pelo princípio da eticidade, somente pode ser concebido como direito dos particulares titulares de sua própria singularidade e também na necessidade de a pessoa reconhecer a singularidade e especificidade do outro, objetivando proteger e promover a dimensão existencial da pessoa humana, tratando-se de reconhecer a incidência do valor e princípio fundamental da dignidade da pessoa humana relativamente ao outro e sob a significação de valor ético.

Tradicionalmente, o Direito Civil era tido como o responsável pela regulamentação das relações de interesses privados dos indivíduos, de cunho eminentemente particular, como a capacidade civil, a família, a propriedade, as obrigações, entre outras, levando em consideração a liberdade e autonomia privada, nos limites necessários para uma convivência social pacífica.

O Código Civil de 1916 é o maior monumento erguido pelo liberalismo, tendo como destinatário o sujeito e seu patrimônio, e suas principais características são: a liberdade contratual, a autonomia de vontade, a propriedade privada e o modelo familiar patriarcal.[24]

O Código Civil de 1916 era visto como a "constituição privada" e regulamentava as relações particulares dos indivíduos, numa preponderante divisão entre Direito privado e público.[25] O Estado não interferia nas relações jurídicas de interesse privado a não ser para garantir a paz social e a livre iniciativa.

---

[22] MORAES, Maria Celina Bodin de, op. cit., p. 24.

[23] GAMA, Guilherme Calmon Nogueira da. Direito de Família pós-moderno: separação de fato e ética. In: SOUZA, Ivone Maria Candido Coelho de. (org.). *Direito de Família, diversidade e multidisciplinariedade*. Porto Alegre, 2007, p. 100.

[24] DONADEL, Adriane. Efeitos da constitucionalização do Direito Civil no Direito de Família. In: PORTO, Sérgio Gilberto; USTÁRROZ, Daniel. (orgs.). *Tendências Constitucionais no Direito de Família*. Estudos em homenagem ao Prof. José Carlos Teixeira Giorgis. Porto Alegre: Livraria do Advogado, 2003, p. 10.

[25] FINGER, Júlio César. Constituição e direito privado: algumas notas sobre a chamada constitucionalização do direito civil. In: SARLET, Ingo Wolfgang. (org.). *A Constituição concretizada:* construindo pontes com o público e o privado. Porto Alegre: Livraria do Advogado, 2000, p. 87.

O Direito público era considerado um conjunto de normas que regulavam a constituição, a competência dos órgãos do Estado, o exercício dos direitos e poderes políticos das pessoas, imponto limites aos direitos dos indivíduos em razão do bem-estar comum.

Defronte de tantas alterações trazidas com a Constituição Federal, o Direito privado e o Direito público tiveram modificados seus significados originários, pois o Direito Civil deixou de ser o âmbito da vontade individual, e o Direito público não mais se inspira na subordinação do cidadão. A divisão do Direito não pode permanecer ancorada àqueles antigos conceitos de expressão de duas realidades postas e traduzidas pelo binômio autoridade-liberdade, pois, hoje, há institutos onde é prevalente o interesse dos indivíduos, estando presente, contudo, o interesse da coletividade e institutos em que prevalecem, em termos quantitativos, os anseios da sociedade, embora sempre funcionalizando em sua essência, à realização dos desejos individuais e existenciais dos cidadãos.[26]

A partir da Constituição Federal de 1988, novos diplomas legais foram editados para regular as situações fáticas à luz dos princípios constitucionais, surgindo os chamados microssistemas, como o Estatuto da Criança e Adolescente, o Código de Defesa do Consumidor, entre outras, e a relação entre os microssistemas e o diploma civil, que antes era o centro do sistema, passou a ser aplicado apenas de forma residual, tendo em vista que os estatutos passaram a regular e revogar alguns dispositivos do Código Civil contrários aos princípios insculpidos na Carta Política de 1988.[27]

Os valores constitucionais é que irão determinar as escolhas legislativas e interpretativas no que se refere ao caso concreto e, consequentemente, à separação dos Direitos público e privado nos termos que era posta pela doutrina deve ser abandonada, pois o fenômeno do intervencionismo tornou-se um dos principais mecanismos por meio dos quais se realiza a justiça distributiva, conforme o ditado constitucional.[28]

Acolher a construção da unidade hierarquicamente sistematizada do ordenamento jurídico significa sustentar que os princípios elencados na Constituição Federal estão presentes em todo o tecido

---

[26] MORAES, Maria Celina Bodin de, op. cit., p. 26.
[27] Idem, p. 24.
[28] Idem, p. 25.

normativo, não ocorrendo mais a rígida contraposição entre Direito público e Direito privado.[29]

Não se pode mais aceitar, após os valores promulgados na Constituição Federal de 1988, a inflexível distinção entre Direito privado e Direito público. Os códigos civis perderam a posição central que desfrutavam de verdadeiras constituições, acarretando a redução do espaço reservado ao contrato e à propriedade, e a concepção de proteção da vida individual deu lugar à noção de integração do homem na sociedade, substituindo a figura do indivíduo isolado, por força da industrialização para o grupo social.[30]

Uma releitura de estatutos fundamentais do Direito privado é o que sugere Luiz Edson Fachin,[31] por sua utilidade e necessidade de compreensão da crise e da superação do sistema clássico que se projetou para o contrato, para a família e para o patrimônio.

A constitucionalização do Direito Civil é um fenômeno que decorre da necessária interpretação dos princípios aprovados na Constituição Federal brasileira, em especial, do princípio da dignidade da pessoa humana, acarretando uma releitura do Código Civil brasileiro, elevando o interesse da pessoa humana sobre qualquer outro valor que não seja o de reconhecer, proteger e promover seu desenvolvimento.

O ser humano é o centro do desenvolvimento do Estado, impondo uma adaptação interpretativa de todo o sistema jurídico vigente, em que pese o Código Civil de 2002, para Maria Cláudia Crespo Brauner,[32] pouco ter inovado, no que concerne ao Direito de Família, incorporando necessariamente as inovações implementadas pela Constituição de 1988, mas desconhecendo diversas conquistas emergidas da formulação doutrinária e jurisprudencial posterior.

Além do princípio da dignidade da pessoa humana, a Constituição Política de 1988 trouxe a autonomia de vontade e a

---

[29] MORAES, Maria Celina Bodin de, op. cit., p. 25.

[30] Idem, p. 23.

[31] FACHIN, Luiz Edson. "Virada de Copérnico": um convite à reflexão sobre o Direito Civil brasileiro Contemporâneo. In: FACHIN, Luiz Edson. (coord.). *Repensando Fundamentos do Direito Civil Brasileiro Contemporâneo*. Rio de Janeiro: Renovar, 1998, p. 317.

[32] BRAUNER, Maria Cláudia Crespo. O Pluralismo no Direito de Família. Op. cit., p. 256.

liberdade das pessoas de construírem e reconstruírem laços afetivos e familiares baseados na solidariedade entre todos os membros do grupo familiar, outrora não previstos pelo sistema jurídico.

A Carta Política deixou de reconhecer expressamente outras formas de relacionamento familiares que já existiam, como as comunidades formadas somente por irmãos, avós com seus netos, pessoas unidas afetivamente sem vinculação consanguínea, famílias reconstituídas e pessoas do mesmo sexo unidas por laços amorosos, exigindo dos advogados, juristas, magistrados e membros do Ministério Público, interpretação sistemática dos princípios constitucionais de igualdade, liberdade e solidariedade.

Nas palavras de Maria Cláudia Crespo Brauner,[33] rompeu-se o conformismo com o que já estava pronto e começou-se a enfrentar a criação de um direito vivo, privilegiando os laços de solidariedade sobre os de obrigação, a escolha, e não mais a imposição de modelos, aceitando-se as tensões e a necessidade de múltiplos ajustes, a necessidade de quebrar a dependência e de reconhecer o direito ao afeto e à família.

A Constituição Federal de 1988 reconheceu o princípio da igualdade entre todos os filhos, proclamando o amor de pais por seus filhos adotivos em igualdade de amor de pais por seus filhos consanguíneos; reconheceu, com o pluralismo familiar, o amor de homens e mulheres, ligados por laços afetivos sem a chancela do casamento civil e a convivência sob o mesmo teto de um dos pais e seus filhos na família monoparental, e por fim, a Carta política de 1988 regulou a igualdade entre homens e mulheres e o desejo do ser humano de ser visto, não em razão do seu gênero, mas com a preservação de suas particularidades como indivíduo.

O Código Civil de 2002 tramitou no Congresso Nacional durante 26 anos até sua aprovação em 10 de janeiro de 2002 e teve sua gênese traçada pelo Projeto de Código Civil elaborado pela Comissão presidida pelo Jurista Miguel Reale.[34]

---

[33] BRAUNER, Maria Cláudia Crespo. Casamento Desfeito, Família Fragmentada. In: SOUZA, Ivone M. C. Coelho de. *Casamento:* uma escuta além do judiciário. (org.). Florianópolis: VoxLegem, 2006, p. 308-309.

[34] OLIVEIRA, Euclides de; HIRONAKA, Giselda Maria Fernandes. Do Direito de Família. In: DIAS, Maria Berenice; PEREIRA, Rodrigo da Cunha. (coords.). *Direito de Família e o Novo Código Civil*. Belo Horizonte: DelRey/IBDFAM, 2001, p. 1.

No Código Civil de 2002, o Direito de Família conta, no total, com 273 artigos que regulam as relações familiares, em suas diversas vertentes e foi nesse Livro que a Comissão de elaboração do Código Civil mais esteve distanciada de seu original empenho em preservar a estrutura do Código Civil de 1916, tendo em vista a decisão de dividir a normativa em um plano pessoal e outro patrimonial.[35]

Na lição de Euclides de Oliveira e Giselda Maria Fernandes Hironaka,[36] o diploma civil de 2002 procurou atualizar os aspectos essenciais do Direito de Família, incorporando mudanças legislativas ocorridas na legislação esparsa, mas não deu o passo mais ousado, nem mesmo em direção aos temas constitucionais consagrados; ou seja, operar a subsunção à moldura da norma civil, de construções familiares existentes desde sempre, embora ignoradas pelo legislador infraconstitucional.

São exemplos disso: a falta de regulamentação para as uniões formadas por pessoas do mesmo sexo, a adoção de crianças e adolescentes por casais homossexuais, a paternidade socioafetiva, dentre outras.

Rodrigo da Cunha Pereira[37] afirma que o direito de família está vivendo situações de contradição e ambiguidade, pois a sociedade está em constante movimento e conclui que:

> Como já apontou Freud, as relações de família são as mais intrincadas e complexas. São as relações de família que pressupõe a dignidade de cada um de seus membros. Nas relações de família de antigamente, na família hierarquizada, patrimonializada, não se pensava isso. Era muito mais simples. Cada um tinha seu papel estanque. O pai tinha uma função, o filho obedecia calado, a mulher também. Passa a ser complexa quando você dá um lugar de sujeito para cada um de seus membros para questionar seus lugares. E o ser humano é isso, esse complexo de matéria e energia, essa tensão de forças que produz ligamentos e desligamentos que se faz mais forte na intimidade. O lugar da maior intimidade é a família. Daí que eclodem os maiores conflitos.

O Direito de Família não pode ficar alheio às transformações sociais, culturais, econômicas, políticas e religiosas pelas quais vêm

---

[35] OLIVEIRA, Euclides de; HIRONAKA, Giselda Maria Fernandes. Op. cit., p. 6.
[36] FACHIN, Luiz Edson. *Da Paternidade, relação biológica e afetiva*. Belo Horizonte: DelRey, 1996, p. 83.
[37] DIGNIDADE em Família. *Boletim IBDFAM*, Porto Alegre, n. 34, set./out., 2005, p. 3.

passando as famílias brasileiras. Essas se modificaram ao longo do tempo, transformando-se de uma organização hierárquica, matrimonial e econômica como forma de assegurar a sobrevivência e sustento de todos os membros da família, para representar um local de afeto, de liberdade, de expressão de solidariedade.

Assim como a família, o Direito de Família foi evoluindo por meio de diversas leis esparsas que buscaram atenuar a rigidez dispensada à formação familiar do Código Civil de 1916. O Estatuto da Mulher Casada, a Lei do Divórcio, o Estatuto da Criança e do Adolescente, as leis regulando as uniões estáveis, a Lei da Averiguação Oficiosa da Paternidade, entre outras, reformularam o Direito de Família, que recebeu um novo olhar e enfrentou novos fatos sociais, como as uniões de pessoas do mesmo sexo, a paternidade socioafetiva, os avanços da medicina moderna nas questões de procriação artificial, que, na lição de Maria Cláudia Crespo Brauner,[38] obrigam o legislador a elaborar leis especiais para incorporar princípios bioéticos para o encaminhamento aos dilemas envolvendo as novas tecnologias reprodutivas, como por exemplo, quanto à utilização de material genético de doador, do congelamento e descarte de embriões, da utilização da técnica envolvendo maternidade de substituição e as dificuldades para a determinação do liame da filiação.

Neste contexto singular é que se criam e se desenvolvem as relações afetivas familiares, havendo necessidade de constante renovação dos diversos fatos sociais que suscitam reflexão e aprofundamento dos temas apresentados, tanto pelos meios jurídicos, como com a contribuição de outras ciências, tais como a sociologia, a psicologia, a medicina, a genética e a filosofia, com a finalidade de reconhecer e proteger esses novos contornos afetivos.[39]

Para Sergio Gischkow Pereira,[40] uma família que experimente a convivência do afeto, da liberdade, da veracidade, da responsabi-

---

[38] BRAUNER, Maria Cláudia Crespo. As Novas Orientações do Direito de Família. In: ——. (org.). *O Direito de Família Descobrindo novos Caminhos*. São Leopoldo: Autora, 2001, p. 17.

[39] Idem, p. 18.

[40] PEREIRA, Sérgio Gischkow. *Direito de Família*. Aspectos do Casamento, sua eficácia, separação, divórcio, parentesco, filiação, regime de bens, alimentos, bem de família, união estável, tutela e curatela. Porto Alegre: Livraria do Advogado, 2007, p. 18.

lidade mútua, certamente haverá de gerar um grupo familiar voltado para as angústias e problemas de toda a coletividade, passo relevante à correção das injustiças sociais. A maior solidariedade e fraternidade na família repercutem em uma coletividade mais solidária e, renunciar à solidariedade, em nome de um pensamento econômico predador, que sacraliza o enriquecimento patrimonial e o consumo desenfreado, levará à deteriorização e destruição dos laços sociais, com aumento da pobreza, desemprego e violência.

Para Sérgio Gischkow Pereira,[41] o Direito de Família evoluiu para um estágio em que as relações familiares estão impregnadas de autenticidade, sinceridade, amor, compreensão, diálogo, paridade e realidade, devendo ser afastada a hipocrisia, a falsidade institucionalizada, o fingimento, o obscurecer dos fatos sociais, fazendo emergir as verdadeiras valorações que orientam as convivências grupais.

Essa evolução apresentada por Sérgio Gischkow Pereira não significa afirmar peremptoriamente que a família brasileira, de modo geral, se encontra neste avançado estágio de relacionamento, pois continuamos a assistir à submissão da mulher ao homem, o abuso e violência contra a mulher, as crianças e idosos dentro do ambiente familiar, mas é inegável o avanço legislativo sofrido pelo Direito de Família, que antes permitia uma interferência mínima do Estado em suas relações privadas e no qual o homem exercia um poder quase que absoluto sobre a mulher e os filhos. É para essas famílias que o Estado deve interferir e legislar, visando à proteção dos menos favorecidos no grupo familiar.

Na lição de Sergio Gischkow Pereira,[42] são três as características das modernas tendências do Direito de Família, ou seja, a revalorização do aspecto afetivo, a busca de autenticidade nas relações familiares e a preservação do interesse de crianças e adolescentes. Em nove planos fundamentais, o autor sugere uma divisão do Direito de Família moderno, assim apresentados:

> A) o amor como valor capaz de dar origem, sentido e sustentação ao casamento ou a uma união estável, assim como às uniões homossexuais e às filiações socioafetivas; daí decorre a prevalência da questão afetiva sobre a patrimonial, pelo que se fala na despatrimonialização do direito de família; B) a completa paridade

---

[41] PEREIRA, Sérgio Gischkow, op. cit., p. 17.
[42] Idem, p. 31.

entre os cônjuges; C) igualdade dos filhos de qualquer natureza, incluídos os adotivos; D) reconhecimento e proteção do concubinado, hoje união estável (o concubinato, pelo artigo 1.727 do Código Civil, passou a ter significado restrito); E) novo conteúdo do pátrio poder (hoje denominado poder familiar, pelo novo Código Civil brasileiro), quando importa é o interesse de crianças e adolescentes; F) menor dificuldade na obtenção do divórcio e maior facilidade para a separação judicial; G) adequação do regime de bens aos verdadeiros significados do casamento; H) atuação intensa do Estado sobre a família; I) Influência dos avanços científicos e tecnológicos e da interdisciplinariedade e da transdisciplinariedade.

Na melhor expressão do atual Direito de Família, comprometida com os princípios constitucionais de igualdade e pluralidade familiar, a Sétima Câmara Cível do Tribunal de Justiça do Rio Grande do Sul, em decisão unânime, no Agravo de Instrumento n. 70020389284, julgado em 12.09.2007, deu provimento ao recurso interposto por companheiro de mulher falecida contra decisão que havia deferido a habilitação do irmão da falecida no inventário de seus bens, reconhecendo a mesma proteção legal em matéria de Direito Sucessório às famílias unidas pelo casamento ou união estável, tratando isonomicamente o companheiro e o cônjuge.

Participaram do julgamento o Desembargador-Relator Ricardo Raupp Ruschel e os desembargadores Maria Berenice Dias e Luiz Felipe Brasil Santos. O Relator fundamentou suas razões nas seguintes assertivas:

> O tema, que já é objeto de acirrada discussão jurisprudencial, merece exame, não só sob o prisma da concretude do fato, mas igualmente, e, em especial, diante da proteção que o sistema jurídico pátrio outorga à família, quer seja ela família de fato, ou de direito.
> Desta forma, à luz desse ponto de partida, ou seja, do princípio de igualdade, não se pode negar que tanto à família de direito, ou formalmente constituída, como também àquela que se constitui por simples fato, há que se outorgar a mesma proteção legal, em observância ao princípio da equidade, assegurando-se igualdade de tratamento entre cônjuge a companheiro, inclusive no plano sucessório.
> *"O equitativo, explica Aristóteles, embora sendo justo, não é o justo acordo com a lei, mas um corretivo da justiça legal, o qual permite adaptar a generalidade da lei à complexidade cambiante das circunstâncias e à irredutível singularidade das situações concretas".* (In Pequeno Tratado das Grandes Virtudes, de André Comte-Sponville, Martins Fontes, 2004, p. 93 e 94).[43]

---

[43] AGRAVO DE INSTRUMENTO. INVENTÁRIO. SUCESSÃO DA COMPANHEIRA. ABERTURA DA SUCESSÃO OCORRIDA SOB A ÉGIDE DO NOVO CÓDIGO CIVIL. APLICABILIDADE DA NOVA LEI, NOS TERMOS DO ARTIGO 1.787. HABILITAÇÃO EM AUTOS DE IRMÃO DA FALECIDA. CASO CONCRETO,

Segue afirmando:

> Negar provimento ao recurso, no caso concreto, em que o direito do recorrente tem por base situação de fato não impugnada pela parte recorrida, ou seja, união estável com início em 1995, importa, ao fim e ao cabo, em conferir odioso tratamento desigual entre cônjuge e companheiro, deixando ao desamparo a família constituída pela união estável, e conferindo proteção legal privilegiada à família de acordo com as formalidades da lei.[44]

No referido Agravo de Instrumento, o órgão julgador reconheceu a igualdade substancial entre a companheira e o esposo, no Direito Sucessório, o que já estava sedimentado, anteriormente ao diploma Civil de 2002, por meio da Lei n° 8.971, de 29 de dezembro de 1984, em seu artigo 3°.[45] O Código Civil de 2002, num descabido retrocesso constitucional, incluiu a esposa ou esposo no rol de herdeiros necessários elencados no artigo 1.845,[46] deixando de conferir esse mesmo direito à companheira ou companheiro, discriminação que foi sanada no referido recurso de agravo de instrumento.

EM QUE MERECE AFASTADA A SUCESSÃO DO IRMÃO, NÃO INCIDINDO A REGRA PREVISTA NO 1.790, III, DO CCB, QUE CONFERE TRATAMENTO DIFERENCIADO ENTRE COMPANHEIRO E CÔNJUGE. OBSERVÂNCIA DO PRINCÍPIO DA EQUIDADE. Não se pode negar que tanto à família de direito, ou formalmente constituída, como também àquela que se constituiu por simples fato, há que se outorgar a mesma proteção legal, em observância ao princípio da equidade, assegurando-se igualdade de tratamento entre cônjuge e companheiro, inclusive no plano sucessório. Ademais, a própria Constituição Federal não confere tratamento iníquo aos cônjuges e companheiros, tampouco o faziam as Leis que regulamentavam a união estável antes do advento do novo Código Civil, não podendo, assim, prevalecer a interpretação literal do artigo em questão, sob pena de se incorrer na odiosa diferenciação, deixando ao desamparo a família constituída pela união estável, e conferindo proteção legal privilegiada à família constituída de acordo com as formalidades da lei. Preliminar não conhecida e recurso provido. (Agravo de Instrumento n° 70020389284, Sétima Câmara Cível, Tribunal de Justiça do RS, Relator: Ricardo Raupp Ruschel, Julgado em 12.09.2007). RIO GRANDE DO SUL. *Tribunal de Justiça*. (Sétima Câmara Cível) Agravo de Instrumento n° 70020389284. Relator Desembargador Ricardo Raupp Ruschel, Julgado em 12.09.2007. Disponível em <http://www.tjrs.gov.br>. Acesso em 25 out. 2007.

[44] Ibidem.

[45] Art. 3° Quando os bens deixados pelo(a) autor(a) da herança resultarem de atividade em que haja colaboração do(a)companheiro(a), terá o sobrevivente direito à metade dos bens.

[46] Art. 1.845. São herdeiros necessários os descendentes, os ascendentes e o cônjuge.

Independentemente das reformas e alterações legislativas pelas quais deverá passar o Código Civil de 2002 para se adequar aos anseios e à realidade social que se fazem presente, o Direito de Família, com a efetiva participação dos Tribunais, juristas, doutrinadores e operados do Direito, vem evoluindo para um Direito preocupado com as relações afetivas entre as pessoas e seus efeitos no mundo jurídico.

Na lição de Maria Cristina Cereser Pezzella,[47] a sociedade tem um papel importante na construção do Direito, realizando essa construção de diferentes maneiras e envolvendo os agentes nesse processo de sedimentação e aperfeiçoamento, não sendo obra exclusiva de um grupo iniciado pelos meios acadêmicos nos estudos jurídicos e também não se limita a esses interlocutores, mas transcende, num processo constante em que os agentes são vários e das mais diversas origens.

O Código Civil de 2002 não tem como absorver e regular todas as mudanças ocorridas na sociedade e, em especial, no Direito de Família. No entanto, espera-se que este diploma legal, no mínimo, esteja adequado com os princípios norteados da Constituição Federal de 1988, o que ainda não ocorreu, mostrando-se necessário alterações ao Código Civil de 2002, para representarem as tendências sociais de um novo Direito de Família, atento aos desejos e anseios dos indivíduos de serem reconhecidos e protegidos nas suas mais diversas formas de expressão familiar.

O atual Direito de Família reconhece a afetividade com responsabilidade, encontrando acolhimento, por exemplo, na paternidade socioafetiva, em detrimento a paternidade biológica, reconhecendo que a filiação hoje é muito mais um fato-jurídico-social do que um fato de consanguinidade.

Diferente do que ocorrido no passado, o Direito de Família tem-se mostrado um ramo do Direito Privado no qual a interferência do Estado busca a proteção e assistência aos menos favorecidos nas relações familiares, como ocorre com o idoso, a criança e adolescente e a mulher, que receberam, após a promulgação da

---

[47] PEZZELLA, Maria Cristina Cereser. *A Eficácia Jurídica na Defesa do Consumidor*: o poder do jogo na publicidade. Porto Alegre: Livraria do Advogado, 2004, p. 173.

Constituição Federal de 1988, maior proteção e reconhecimento da legislação infraconstitucional.

Com o Estatuto da Criança e do Adolescente, foi priorizada a atenção à criança e ao adolescente; no Estatuto do Idoso, priorizadas melhores condições de vida e proteção ao idoso, inclusive com a possibilidade de buscar os alimentos de qualquer dos filhos, rompendo com o paradigma da solidariedade alimentar. Com a Lei Maria da Penha,[48] priorizando a saúde e o bem-estar físico e psicológico da mulher, penalizando a violência doméstica contra a mesma, objeto de permanente tratamento desumano, em afronta ao princípio da dignidade da pessoa humana.

O Estatuto do Idoso, Lei n° 10.741, de 1° de outubro de 2003, complementar ao artigo 230[49] da Constituição Federal, dispõe acerca do dever da família, da sociedade e do Estado de amparar as pessoas idosas.

No referido diploma legal, a natureza da obrigação alimentar consagrada no Código Civil de 2002, artigo 1.698,[50] de caráter complementar, cedeu lugar à possibilidade de o idoso escolher dentre os obrigados à prestação alimentar, aquele parente que melhores condições apresente para prestar-lhe os alimentos, nos termos do artigo 12,[51] com o objetivo de beneficiar a célere prestação alimentar, evitando discussões acerca do ingresso dos demais devedores não escolhidos pelo idoso e preservando o direito a uma vida com maior dignidade.

O Direito Civil do século vinte e um é constitucionalizado, com forte carga solidarista e despatrimonializante, em marcante

---

[48] Lei n° 11.340, de 7 de agosto de 2006.

[49] Art. 230. A família, a sociedade e o Estado, têm o dever de amparar as pessoas idosas, assegurando sua participação na comunidade, defendendo sua dignidade e bem-estar e garantindo-lhes o direito à vida.

[50] Art. 1.698. Se o parente, que deve alimentos em primeiro lugar, não estiver em condições de suportar totalmente o encargo, serão chamados a concorrer os de grau imediato; sendo várias as pessoas obrigadas a prestar alimentos, todas devem concorrer na proporção dos respectivos recursos, e, intentada ação contra uma delas, poderão as demais ser chamadas a integrar a lide.

[51] Art. 12. A obrigação alimentar é solidaria, podendo o idoso optar entre os prestadores.

reconhecimento da pessoa humana da sua dimensão do "ser" em detrimento da dimensão do "ter".[52]

A organização familiar está sempre vinculada à mudança, entretanto, durante muito tempo o tratamento dispensado às relações familiares ficou alheio ao processo de transformação dos indivíduos e de suas necessidades, já que o estatuto civil de 1916 era impregnado de uma visão individualista, voltada para o patrimônio e para uma família instituída com a celebração do casamento civil, mas novas configurações familiares consagraram uma maior autonomia de vontade do ser humano em constituir laços afetivos e familiares, e também impuseram uma postura de maior responsabilidade frente aos efeitos dos vínculos afetivos.

Problemas como o abandono de crianças e adolescentes, idosos e mulheres devem-se transformar em preocupação social e de saúde pública, para o Estado, para a sociedade e para cada um de nós, sob pena de voltarmos a viver em uma sociedade individualista e preocupada apenas com o bem-estar dos mais afortunados.

---

[52] GAMA, Guilherme Calmon Nogueira da. Direito de Família pós-moderno: separação de fato e ética. In: SOUZA, Ivone Maria Candido Coelho de. (org.). *Direito de Família, diversidade e multidisciplinariedade*. Porto Alegre: IBDFAM, 2007, p. 94.

2. Princípios constitucionais e Direito de Família brasileiro

A Constituição Federal de 1988 estabeleceu, em seu artigo 1º, inciso III, a dignidade da pessoa humana como fundamento do Estado Democrático brasileiro, devendo garantir a tutela dessa dignidade a todos os cidadãos sob sua proteção jurídica.

A pessoa humana é a base da própria existência do Estado Democrático de Direito brasileiro e ao mesmo tempo fim permanente de todas as suas ações, devendo ser respeitada, tutelada e assegurada a possibilidade de concretização do desenvolvimento integral de suas potencialidades.

O Código Civil brasileiro, anteriormente designado como instrumento regulador do sistema de regras jurídicas destinadas a reger as relações de natureza privada, cedeu espaço à Carta Política de 1988, que passou a centralizar o sistema normativo, com o fenômeno da constitucionalização do Direito privado.

Disso decorre a necessidade de algumas vezes serem aplicadas diretamente normas constitucionais para a solução de questões do Direito Civil e também a necessidade de a lei civil ser aplicada a partir de uma interpretação nos termos da Constituição em busca de harmonia e unidade do sistema jurídico.

O princípio da dignidade da pessoa humana tem extensão sob todos os textos normativos, inclusive sobre o Direito de Família, devendo o intérprete reconhecer na pessoa humana o seu intrínseco valor para assegurar o desenvolvimento e o exercício de seus direitos individuais em família.

O princípio da dignidade da pessoa humana se fundamenta na garantia que cada ser humano tem de constituir sua família sob os princípios da solidariedade, pluralidade familiar, isonomia, liberdade e autonomia de vontade.

2.1. Significado jurídico do princípio da dignidade da pessoa humana para o Direito de Família

A Constituição Federal de 1988 foi a primeira a outorgar um título próprio para os princípios fundamentais e deixou transparecer de maneira clara sua intenção de facultar aos princípios fundamentais a qualidade de normas embasadoras e informativas de toda a ordem constitucional, especialmente das condutas definidoras de direitos e garantias fundamentais e, juntamente com os princípios fundamentais, integram o núcleo essencial formal e material da Constituição Federal do Brasil. Sem precedentes nas Constituições brasileiras anteriores, o princípio da dignidade da pessoa humana foi reconhecido como fundamento do Estado Democrático de Direito.[53]

O princípio definido no artigo 1º, inciso III, da Constituição Federal elevou a pessoa humana a fundamento de nosso Estado Democrático, cabendo destacar que não somente o artigo 1º da Carta Magna prevê a aplicação desse princípio, mas em diversos dispositivos como, por exemplo, no § 7º do artigo 226 quando trata da paternidade responsável a partir do planejamento familiar, assim como no *caput* do artigo 227, que assegura dignidade à criança e ao adolescente, e no artigo 230, que defende a dignidade da pessoa idosa.

A Constituição portuguesa de 1976, em seu artigo 1º, estabeleceu o princípio da dignidade da pessoa humana e, na lição de José Joaquim Gomes Canotilho,[54] esse princípio, como base da República, significa o reconhecimento do *homo noumenon*, ou seja, do indivíduo como limite e fundamento do domínio político da República

---

[53] SARLET, Ingo Wolfgang. *Dignidade da Pessoa Humana e Direitos Fundamentais na Constituição Federal de 1988*. 4. ed. Porto Alegre: Livraria do Advogado, 2006, p. 61.
[54] CANOTILHO, José Joaquim Gomes. *Direito Constitucional e Teoria da Constituição*. 3. ed. Coimbra, 1999, p. 221.

e, neste sentido, a República é uma organização política que serve ao homem, e não o contrário.

Paulo Bonavides[55] afirmou que cumprida a tarefa da elaboração formal da Constituição Federal de 1988, caberá à Sociedade, aos governantes, legisladores, juízes, aos cidadãos enfim, utilizando os mecanismos e ferramentas da Carta Política, escrever com atos de compreensão e argúcia interpretativa a Constituição viva, aquela que se aplica ao cotidiano na proteção dos direitos e na salvaguarda das franquias democráticas brasileiras.

2.1.1. A dimensão do termo "dignidade"

A raiz etimológica da palavra *dignidade* deriva do latim *dignus* e significa aquele que merece estima e honra. Aquele que é importante.[56] A definição de dignidade para cada pessoa guarda íntima relação com o seu querer, com seu desejo de reconhecimento individual, com seu devido valor pessoal.

Na linguagem comum, passou a ser empregada num sentido social relacionado ao lugar ocupado pela pessoa na sociedade, em função de seus méritos pessoais ou funções exercidas e assim compreendida pode ser conferida e retirada a qualquer tempo.[57]

Essa concepção externa e superficial decorre da busca constante do homem de ser reconhecido dentro do meio social.

Numa breve retrospectiva histórica da dignidade, encontramos no pensamento clássico as raízes do conceito de dignidade da pessoa humana. Para os gregos, a dignidade humana estava ligada à posição social ocupada pelo indivíduo na sociedade e não incluía

---

[55] BONAVIDES, Paulo. *A Constituição Aberta*. Temas políticos e constitucionais da atualidade, com ênfase no Federalismo das Regiões. 2. ed. São Paulo: Malheiros, 1996, p. 195.

[56] MORAES, Maria Celina Bodin de. O Conceito de Dignidade Humana: substrato axiológico e conteúdo normativo. In: SARLET, Ingo Wolfgang. (org.). *Constituição, Direitos Fundamentais e Direito Privado*. Porto Alegre: Livraria do Advogado. 2003, p. 110.

[57] MAUER, Béatrice. Notas sobre o respeito da dignidade da pessoa humana... ou pequena fuga incompleta em torno de um tema central. In: SARLET, Ingo Wolfgang. (org.). *Dimensões da Dignidade*. Porto Alegre: Livraria do Advogado, 2005, p. 64-65.

aspectos de igualdade, podendo ser concedida ou retirada da pessoa.

Com o Cristianismo, a ideia de dignidade da pessoa humana se fortaleceu e adquiriu a dimensão ocupada hoje. Os conceitos de solidariedade, do amor ao próximo, da igualdade do homem em relação a Deus, determinaram algumas condutas na imposição de penas.

Na Idade Média, São Tomás de Aquino sustentou a concepção estoica e cristã da dignidade da pessoa humana, de um ser criado à imagem e semelhança de Deus, sendo seguido por Pico de La Mirandola, já no Renascimento.[58]

O Iluminismo foi o grande responsável pela valorização do homem como portador de virtudes e direitos individuais, sendo que Montesquieu[59] analisa a vida humana em sociedade, tendo a liberdade como princípio para uma vida digna.

A Revolução Francesa e seus ideais de liberdade, igualdade e fraternidade consolidaram os princípios ligados aos direitos fundamentais.

Immanuel Kant[60] teve grande influência no conceito de dignidade da pessoa humana, afirmando que o homem é um fim em si mesmo, não uma função do Estado ou Nação, devendo estes estar organizados em benefício do indivíduo.

A Organização das Nações Unidas teve um papel fundamental na concepção da dignidade da pessoa humana, afirmando que todos os seres humanos nascem livres e iguais em dignidade e direitos, sendo dotados de razão e consciência e devem agir uns para com os outros num espírito de fraternidade.[61]

---

[58] SARLET, Ingo Wolfgang. *Dignidade...*, op. cit., p. 31.
[59] MONTESQUIEU. *Do Espírito das Leis*. Tradução de Jean Melville. São Paulo: Martin Claret, 2003, p. 34.
[60] KANT, Immanuel. *Fundamentação da metafísica dos costumes*. São Paulo: Martins Claret, 2003, p. 58.
[61] BARCELLOS, Ana Paula de. Normatividade dos princípios e o princípio da dignidade da pessoa humana na Constituição de 1988. *Revista de Direito Administrativo*, n. 221, p. 160, 2000. Ver também BARCELLOS, Ana Paula de. *A Eficácia Jurídica dos Princípios Constitucionais:* o princípio da dignidade da pessoa humana. Rio de Janeiro: Renovar, 2002.

Na lição de Fernando Ferreira dos Santos,[62] a dignidade pode ter uma dimensão positiva e outra negativa. A negativa significa que a pessoa humana não pode ser vítima de ofensas ou humilhações. O próprio texto constitucional, no título II, referente aos direitos e garantias fundamentais, dispõe acerca dessa dimensão negativa, em diversos dispositivos do artigo 5º da Constituição Federal brasileira, devendo o Estado assegurar a todos a existência de uma vida digna, condenando qualquer ofensa que ameace a pessoa humana.

A dimensão positiva se expressa no pleno desenvolvimento de cada pessoa, de maneira singular, no desenrolar de seu potencial individual e, no Direito de Família, afirma-se na liberdade de um em constituir sua família conforme seu desejo, com intervenção mínima do Estado, desenvolvendo seu potencial e decidindo o seu destino, com responsabilidade e autonomia de vontade.

O conteúdo do princípio constitucional da dignidade da pessoa humana se relaciona com os direitos fundamentais, significando que, para respeitar a dignidade da pessoa humana, é necessário respeitar os direitos fundamentais dos indivíduos, em especial, respeitar seu direito fundamental de constituir família nas suas mais diversas formas, mesmo que essas estruturas não estejam expressamente previstas no texto constitucional ou nas regras infraconstitucionais.

Cada ser humano é merecedor de respeito e consideração, independentemente da crença, nível social, intelectual, desejo sexual e maneira de enfrentar a vida. O simples fato de ser humano basta para que sua dignidade seja garantida.

Necessário, porém, não se cair no extremo do totalitarismo, do individualismo em detrimento dos outros, numa supervalorização do indivíduo e do que ele pensa ser a verdade.

Nas palavras de Ingo Wolfgang Sarlet,[63] torna-se difícil a busca de uma definição do conteúdo da dignidade da pessoa e de uma

---

[62] SANTOS, Fernando Ferreira dos. *Princípio Constitucional da dignidade da pessoa humana*. São Paulo: Celso Bastos, 1999, p. 96-97.

[63] SARLET, Ingo Wolfgang. As Dimensões da Dignidade da Pessoa Humana: construindo uma compreensão jurídico-constitucional necessária e possível. In SARLET, Ingo Wolfgang. (org.). *Dimensões da Dignidade*. Ensaio de Filosofia do Direito e Direito Constitucional. Porto Alegre: Livraria do Advogado, 2005, p. 13-14.

correspondente compreensão jurídica, pois a dignidade diz com a condição humana do ser humano e guarda íntima relação com as complexas e incalculáveis manifestações da personalidade humana. O reconhecimento e proteção da dignidade da pessoa humana pelo Direito resulta justamente de toda uma evolução do pensamento humano sobre o que significa este ser humano e a sua compreensão do que é ser pessoa e de quais os valores que lhe são inerentes, que influencia e determina o modo pelo qual o Direito reconhece e protege sua dignidade humana.

O ser humano é complexo e, em que pese a dificuldade de uma exata definição do que seja dignidade da pessoa humana, não restam dúvidas de que esta dignidade deve ser compreendida e sentida por cada ser humano.

A dignidade humana é intrínseca ao ser humano e não há como se falar em concedê-la, pois ela já é inerente ao ser, bastando que seja reconhecida e protegida pelo ordenamento jurídico brasileiro.

Dignidade diz respeito à condição humana e na lição de Ingo Wolfgang Sarlet[64] cuida de um assunto de permanente relevância e atualidade como o é a existência humana e somente se o ser humano pudesse renunciar à sua condição é que se poderia cogitar da desnecessidade de qualquer preocupação com a temática da dignidade humana, justamente pelo fato de a dignidade ser considerada uma qualidade intrínseca e indissociável do ser humano e que sua destruição implicaria a destruição do outro é que a proteção e o respeito à dignidade da pessoa constitui meta permanente da humanidade, do Estado e do Direito.

Ingo Wolfgang Sarlet,[65] retomando a ideia nuclear de dignidade da pessoa humana, que já se fazia presente no pensamento clássico, assevera que:

> [...] a dignidade, como qualidade intrínseca da pessoa humana, é irrenunciável e inalienável, constituindo elemento que qualifica o ser humano como tal e dele não pode ser destacado, de tal sorte que não se pode cogitar na possibilidade de determinada pessoa ser titular de uma pretensão a que lhe seja concedida dignidade. Esta, portanto, compreendida como qualidade integrante e irrenunciável da própria condição humana, pode (e deve) ser reconhecida, respeitada, promovida

---

[64] SARLET, Ingo Wolfgang. *Dignidade...*, op. cit., p. 27.
[65] Idem, p. 41

e protegida, não podendo, contudo (no sentido ora empregado) ser criada, concedida ou retirada (embora possa ser violada), já que existe em cada ser humano como algo que lhe é inerente.

Segue o autor afirmando que,[66] embora o elemento nuclear da noção de dignidade da pessoa humana pareça continuar centrado na autonomia e no direito de autodeterminação de cada pessoa, é preciso ter presente que esta liberdade é uma capacidade potencial de cada ser humano de autodeterminar sua conduta, não dependendo de sua efetiva realização em concreto, pois o absolutamente incapaz possui exatamente a mesma dignidade de qualquer outro ser humano física e mentalmente capaz.

Na lição de Dieter Grimm,[67] a dignidade, na condição de valor intrínseco de cada ser humano, gera para o indivíduo o direito de decidir de forma livre sobre os seus projetos existenciais e felicidade e mesmo onde faltar essa autonomia ainda assim deve ser respeitado e considerado pela sua condição humana.

Na assertiva de Ingo Wolfgang Sarlet,[68] o que se percebe é que onde não houver respeito pela vida e pela integridade física e moral do ser humano, onde as condições mínimas para uma existência digna não forem asseguradas, onde não houver limitação do poder, onde a liberdade e a autonomia, a igualdade, em direitos e dignidade e os direitos fundamentais não forem reconhecidos e minimamente assegurados, não haverá espaço para a dignidade da pessoa humana, que poderá não passar de mero objeto de arbítrio e injustiças.

Reconhecida expressamente no título dos princípios fundamentais do Estado brasileiro, a dignidade da pessoa humana como fundamento de nosso Estado Democrático e social, reconheceu o fato de que o Estado existe em função da pessoa humana, e não o contrário, já que a pessoa humana constitui a finalidade essencial, e não meio da atividade estatal.[69]

A dignidade da pessoa humana é valor essencial que deve integrar todo o ordenamento pátrio, pois passou a compor o Direito

---

[66] SARLET, Ingo Wolfgang. *Dignidade...*, op. cit., p. 45
[67] GRIMM, *apud* Idem, p. 51
[68] SARLET, Ingo Wolfgang. *Dignidade...*, op. cit., p. 35.
[69] Idem, p. 65.

positivo brasileiro, a partir da Constituição Federal de 1988. A pessoa é fim e fundamento da sociedade e do Estado.

O princípio da dignidade da pessoa humana visa a garantir a proteção ao ser humano não apenas para assegurar um tratamento humano e não degradante, mas onde a vulnerabilidade humana se manifestar, de modo que terão precedência os direitos e as prerrogativas de determinados grupos, de uma maneira ou de outra, frágeis e que estão por exigir uma proteção especial da lei, como o caso das crianças e adolescentes, idosos, deficientes físicos e os membros da família.[70]

Como adverte Cornelius Castoriadis: uma sociedade justa não é uma sociedade que adotou leis justas para sempre. Uma sociedade justa é uma sociedade em que a questão da justiça permanece constantemente aberta.[71]

Para Maria Celina Bodin de Moraes,[72] a humanidade das pessoas reside no fato de serem elas racionais, dotadas de livre-arbítrio, sujeitos do discurso e da ação e será desumano, contrário à dignidade humana, tudo aquilo que puder reduzir a pessoa à condição de objeto, e o substrato material da dignidade pode ser desdobrado em quatro postulados: o sujeito moral (ético) reconhece a existência dos outros como sujeitos iguais a ele; sujeitos merecedores do mesmo respeito à integridade psicofísica de que é titular; sujeito dotado de vontade livre e de autodeterminação; o sujeito é parte do grupo social, onde tem a garantia de não vir a ser marginalizado.

Por consequência da elaboração anterior, emergem os princípios da igualdade, da integridade física e moral, da liberdade e da solidariedade, quando se reconhece a existência de outros como iguais, surge o princípio da igualdade; se os iguais merecem idênticos respeito à sua integridade física e moral, é necessário construir o princípio que protege essa integridade. Sendo a pessoa dotada de vontade livre, é preciso garantir essa liberdade e, fazendo ela

---

[70] MORAES, Maria Celina Bodin de. O Conceito de Dignidade Humana. Op. cit., p. 116.

[71] CASTORIADIS, Cornelius. *Socialismo ou bárbárie*. Brasilia: Brasileiense, 1983, p. 33.

[72] MORAES, Maria Celina Bodin de. O Conceito de Dignidade Humana. Op. cit., p. 117.

parte do grupo social, necessariamente, desta situação, decorrerá o princípio da solidariedade social.

O princípio da dignidade da pessoa humana representa o reconhecimento de que o ser humano é dotado de razão, que o diferencia dos animais e, portanto, em função de sua racionalidade e dotado do livre-arbítrio e da liberdade de escolhas, que devem ser protegidas.

O ser humano é merecedor de proteção e de reconhecimento de sua dignidade e não pode ser tratado como objeto de interesses do Estado e da Sociedade.

A dignidade é um atributo inerente a qualquer ser humano, e embora dotado de igualdade formal perante a lei, possui substanciais diferenças que devem ser reconhecidas e protegidas para que possam se desenvolver plenamente no meio social.

Para Gustavo Tepedino,[73] a dignidade da pessoa humana dá conteúdo à proteção da família atribuída ao Estado pelo artigo 226 do mesmo texto maior, ou seja, é a pessoa humana, o desenvolvimento de sua personalidade, o elemento final da proteção estatal, para cuja realização devem convergir todas as normas do Direito positivo, em particular aquelas que disciplinam o Direito de Família, regulando as relações mais íntimas e intensas dos indivíduos no meio social, pois à família, no Direito positivo brasileiro, é atribuída proteção especial na medida em que a Constituição entrevê o seu importante papel na promoção da dignidade humana. Desta forma, merecerá tutela jurídica e especial proteção do Estado à família que efetivamente promova a dignidade e a realização da personalidade de seus componentes.

Assevera Gustavo Tepedino[74] que, no exame dos artigos 226 a 230 da Constituição Federal, se observa que o centro da tutela constitucional se desloca do casamento para as relações familiares dele, e não unicamente dele decorrentes e que a proteção milenar da família como instituição, unidade de produção e reprodução dos valores culturais, éticos, religiosos e econômicos, dá lugar à tutela essencialmente funcionalizada à dignidade de seus membros, sendo que a família, embora tenha ampliado seu prestígio constitucional, deixa de ter valor intrínseco, como instituição capaz de

---

[73] TEPEDINO, Gustavo. *Temas de Direito Civil*. Rio de Janeiro: Renovar, 1999, p. 326.
[74] Idem, p. 349.

merecer tutela jurídica pelo simples fato de existir, passando a ser valorada de maneira instrumental, tutelada na medida em que se constitua em um núcleo intermediário de desenvolvimento da personalidade dos filhos e da promoção da dignidade dos seus integrantes.

A família constitui um espaço de liberdade e autonomia privada da pessoa humana e o Estado, no seu papel de protetor dos direitos maiores, deve estabelecer políticas públicas para coibir lesões e danos sofridos no ambiente familiar.

A inserção de uma pessoa numa determinada família é essencial para que lhe sejam reconhecidos e assegurados os direitos fundamentais e a própria proteção da sua dignidade.

A proteção à dignidade da pessoa humana já vem sendo reconhecida pelos Tribunais do Rio Grande do Sul em diversas decisões.

Exemplo disso é a decisão na Apelação Cível,[75] reconhecendo a União Homoafetiva entre duas mulheres. Em suas razões, a relatora Desembargadora Maria Berenice Dias afirma que:

> A Constituição Federal proclama o direito à vida, à liberdade, à igualdade e à intimidade (art. 5º, *caput*) e prevê como objetivo fundamental, a promoção do bem de todos, "sem preconceitos de origem, raça, sexo, cor, idade e quaisquer outras formas de discriminação" (art. 3º, IV). Dispõe, ainda, que "a lei punirá qualquer discriminação atentatória dos direitos e liberdades fundamentais" (art. 5º, XLI). Portanto, sua intenção é a promoção do bem dos cidadãos, que são livres para ser, rechaçando qualquer forma de exclusão social ou tratamento desigual.

---

[75] APELAÇÃO CÍVEL. UNIÃO HOMOAFETIVA. RECONHECIMENTO. PRINCÍPIO DA DIGNIDADE DA PESSOA HUMANA E DA IGUALDADE. É de ser reconhecida judicialmente a união homoafetiva mantida entre duas mulheres de forma pública e ininterrupta pelo período de 16 anos. A homossexualidade é um fato social que se perpetua através dos séculos, não mais podendo o Judiciário se olvidar de emprestar a tutela jurisdicional a uniões que, enlaçadas pelo afeto, assumem feição de família. A união pelo amor é que caracteriza a entidade familiar e não apenas a diversidade de sexos. É o afeto a mais pura exteriorização do ser e do viver, de forma que a marginalização das relações homoafetivas constitui afronta aos direitos humanos por ser forma de privação do direito à vida, violando os princípios da dignidade da pessoa humana e da igualdade. Negado provimento ao apelo. (SEGREDO DE JUSTIÇA) (Apelação Cível nº 70012836755, Sétima Câmara Cível, Tribunal de Justiça do RS, Relator: Maria Berenice Dias, Julgado em 21.12.2005).

Outrossim, a Carta Maior é a norma hipotética fundamental validante do ordenamento jurídico, da qual a dignidade da pessoa humana é princípio basilar vinculado umbilicalmente aos direitos fundamentais. Portanto, tal princípio é norma fundante, orientadora e condicional, tanto para a própria existência, como para a aplicação do direito, envolvendo o universo jurídico como um todo. Esta norma atua como qualidade inerente, logo indissociável, de todo e qualquer ser humano, relacionando-se intrinsecamente com a autonomia, razão e autodeterminação de cada indivíduo.

Segue, ainda, asseverando que:

Por conseguinte, a Constituição da República, calcada no princípio da dignidade da pessoa humana e da igualdade, se encarrega de salvaguardar os interesses das uniões homoafetivas. Qualquer entendimento em sentido contrário é que seria inconstitucional. E quanto à tutela específica dessas relações, aplica-se analogicamente a legislação infraconstitucional atinente às uniões estáveis.[76]

A igualdade entre homens e mulheres se estende para a igualdade e liberdade na formação da entidade familiar do casal, seja esta entidade composta por pessoas de sexo diferente ou por pessoas do mesmo sexo. Desta forma, os efeitos irradiantes das diversas formas de família protegidas pela Constituição Federal também se estendem para todos aqueles que pertencem ao grupo familiar, independentemente do sexo.

Negar direitos a pessoas do mesmo sexo, sob a alegação de que a Constituição Federal não prevê expressamente a formação de uma família por pessoas do mesmo sexo, é deixar de reconhecer a igualdade substancial de cada pessoa e afrontar o princípio da dignidade da pessoa humana.

A autonomia de vontade prepondera na formação de cada família e também na forma de sua dissolução. O Direito não fala quase nada dos sentimentos, ele se contenta com a vontade que eles inspiram. É, portanto, dos sentimentos que indiretamente se questiona. O amor não é um termo jurídico e, no entanto, o amor é a alma do casamento e é dele que falam com imperícia os textos legais quando se referem, por exemplo, à comunidade de vida ou ao dever de fidelidade; eles giram em torno do amor.[77]

---

[76] Apelação Cível nº 70012836755, *loc cit*.

[77] LEITE, Eduardo de Oliveira. *Procriações Artificiais e o Direito*. (Aspectos médicos, religiosos, psicológicos, éticos e jurídicos). São Paulo: Revista dos Tribunais, 2000, p. 208.

Lembrando Eugênio Facchini Neto:[78]

> Auxiliar na construção de um Brasil mais justo e solidário, com vida em abundância para todos, como queria Cristo, ou com vida digna para cada um, como desejou o constituinte, pode parecer sonho, algo muito distante ou utopia. Concedendo que seja um sonho: como vamos realizar nossos sonhos se não os tivermos sonhado primeiro? Concedendo que seja algo muito distante: que tristes seriam os caminhos se não fora a presença distante das estrelas!, como lembrava Quintana. Seria quiçá uma utopia? Recordemos então Eduardo Galeano, que comparava as utopias aos horizontes: se eu avanço um passo, o horizonte recua um passo; se eu avanço dois passos, o horizonte recua dois passos; se eu avanço cem metros, o horizonte recua cem metros; se eu subo a colina o horizonte se esconde atrás da colina seguinte. Mas então, perguntava ele, para que servem as utopias? Servem para isso, para nos fazer caminhar.

O amor, a igualdade, o respeito à dignidade humana, a liberdade e o atendimento das necessidades humanas em nível de desenvolvimento de todas as suas potencialidades são essenciais a uma sociedade melhor e a mais perfeita organização familiar. Uma má sociedade apenas por exceção produz boas famílias, mas famílias más também não dão origem a uma boa sociedade. Se a família tiver estrutura e funcionalidade para transmitir aos seus componentes os superiores valores de convivência, um passo formidável terá sido dado para o fim de constituir uma sociedade mais justa, fraterna, solidária, igualitária e libertária.[79]

A dignidade representa a afirmativa de que o ser humano é livre para manifestar suas potencialidades e seus desejos no meio social, devendo o Estado proporcionar esse espaço de permanente desenvolvimento de cada ser humano dentro de suas diferenças e semelhanças.

As guerras, inclusive as atuais, ensinam que os homens têm uma natureza de extermínio e desigualdade, de impor sua vontade sobre o outro. A liberdade está em escolher um caminho diverso da opressão e julgo sobre o semelhante, e a solidariedade está em desejar e realizar ações concretas para oferecer ao outro o que se deseja para si, mesmo não o tendo.

---

[78] FACCHINI NETO, Eugênio. Reflexões histórico-evolutivas sobre a constitucionalização do direito privado. In SARLET, Ingo Wolfgang. (org.). *Constituição. Direitos Fundamentais e Direito Privado*. Porto Alegre: Livraria do Advogado, 2003, p. 55-56.

[79] Idem, p. 44-45.

O sistema jurídico não pode servir para afastar as pessoas e oferecer tratamento desigual sob a falsa ótica da igualdade formal entre todos os homens, pois resta cristalino que os seres humanos são diferentes entre si e por isso mesmo são plenos e merecedores de proteção.

Dignidade se vive e se constrói por meio da liberdade de escolha de atitudes que fortaleçam o respeito para com o outro, por meio da solidariedade para com o outro e por meio da preservação da igualdade substancial entre todos os seres humanos, inclusive na formação do núcleo afetivo de cada um.

A dignidade exige reciprocidade, exige o respeito ao outro, aos deveres de solidariedade e especialmente respeito por si mesmo. É no olhar do outro que me reconheço e me completo como ser humano, pois o ser humano não vive sozinho e precisa do outro para se completar e ao Estado, à sociedade e a cada um de nós, cabe respeitar e preservar essa autonomia de vontade de cada ser humano e, nas palavras de Béatrice Mauer,[80] mesmo que o legislador não possa dizer o que é dignidade, ele deve fazer de tudo para que aquilo que ela não seja não aconteça.

O princípio da dignidade impõe limites ao poder do Estado, devendo este respeitar, proteger e promover as condições para que o ser humano possa viver com dignidade no grupo familiar e na sociedade.

Dignidade é uma palavra de muitos significados. Reflete tanto o respeito e a proteção que emergem do ser humano, quanto o sentido de valor que no mundo dos fatos não encontra correspondência com o valor econômico. Pois se a dignidade tiver um preço econômico ela não terá valor como princípio norteador das relações humanas.

Dignidade é ser visto e reconhecido por suas próprias qualidade e diferenças. É ser olhado por inteiro e merecedor de respeito e proteção. É poder ser respeitado em suas diferenças e poder expressá-las sem receio de não ser reconhecido ou com receito de ser agredido, ofendido ou ignorado e está condicionada por valores

---

[80] MAUER, Béatrice. Notas sobre o respeito da dignidade da pessoa humana... ou pequena fuga incompleta em torno de um tema central. In. SARLET, Ingo Wolfgang. (org.). *Dimensões da Dignidade*. Porto Alegre: Livraria do Advogado, 2005, p. 80.

próprios e influenciados pela educação, meio social e imagem que as pessoas fazem de si próprias.

2.2. Princípio da solidariedade na família brasileira

Os princípios no Direito de Família que emergiram na Constituição Federal de 1988 alteraram profundamente a proteção que o Estado dispensa à família e se voltaram muito mais para os aspectos pessoais de cada membro da família do que para os patrimoniais.

A liberdade de configuração da família trazida pela Constituição Federal de 1988, possibilitando a pluralidade familiar, a solidariedade expressa na valorização pessoal do outro e na promoção do bem de todos superando o individualismo, a autonomia de vontade, na formação e na dissolução dos arranjos familiares, e a proteção integral à criança e ao adolescente, revelam que a Carta Política trouxe à sociedade o reconhecimento e a proteção de novas formas de se relacionar, respeitando a liberdade e a diferença do outro numa convivência harmônica e voltada ao bem comum.

A solidariedade advinda do princípio da dignidade da pessoa humana representa a possibilidade do ser humano se colocar no lugar do outro e buscar a promoção do bem comum.

Ela se manifesta no desejo de partilhar o que é nosso com o outro, e não somente dar o que é do outro. Solidariedade é um desejo de promoção do bem comum.

Somente quando o ser humano respeita o outro e contribui para o bem-estar deste é que a solidariedade se expressa. A solidariedade é oferecer ao outro o que se quer para si, transportando o próprio desejo de ser reconhecido e respeitado de forma singular para o outro; não como uma concessão, mas como um direito pleno de cada um desenvolver suas potencialidades e se expressar de forma livre em sociedade.

A dignidade da pessoa humana exige o respeito com o outro e se manifesta nos deveres de solidariedade com este e com a sociedade, pois quando o indivíduo se vê na imagem do outro é indiscutível que esse reconhecimento acarreta uma série de obrigações.

A inteligência, a liberdade e a capacidade de amar são pressupostos que colocam a pessoa acima do mundo animal, revelando a sua dignidade e, assim, tornando-a merecedora de um respeito absoluto.[81]

É no ambiente privado da família que as primeiras noções de solidariedade se desenvolvem no ser humano. No reconhecimento e respeito dos cônjuges entre si e no respeito e proteção aos filhos é que a solidariedade se constrói, de forma singular, espontânea e permanente.

A Constituição Federal de 1988, em seu artigo 3º, inciso I,[82] expressou o desejo da construção de uma sociedade solidária, princípio que vem reforçado quando trata da família brasileira.

O princípio constitucional da solidariedade identifica-se como o conjunto de instrumentos voltados para garantir a existência digna, comum a todos, em uma sociedade que se desenvolva de forma livre e justa, sem excluídos ou marginalizados.[83]

No ambiente familiar, a solidariedade é vivida entre pais, irmãos, avós, parentes consanguíneos ou socioafetivos, na convivência, no respeito, no compartilhamento dos espaços, brincadeiras e sonhos e no bem-estar comum, tendo o papel de unir os membros da família, de forma livre e corresponsável.

O artigo 3º, inciso I, da Constituição, consagra o princípio da solidariedade que é fundamentado e reconhecido na família por meio da afetividade que liga todos os membros do grupo familiar. A solidariedade é o elemento propulsor do amparo recíproco entre os membros da família.

Neste sentido é o posicionamento da Sétima Câmara Cível do Tribunal de Justiça do Rio Grande do Sul, quando reconheceu ali-

---

[81] MAUER, Béatrice, op. cit., p. 86.

[82] Art. 3º Constituem objetivos fundamentais da República Federativa do Brasil: I – construir uma sociedade livre, justa e solidária.

[83] MORAES, Maria Celina Bodin de. O Conceito de Dignidade Humana. Op. cit., p. 138-139.

mentos à genitora idosa, fundamentada no princípio da solidariedade familiar.[84]

Em seu voto, a Desembargadora Maria Berenice Dias[85] afirma:

> O direito à prestação de alimentos é recíproco entre pais e filhos (art. 1.696 do Código Civil) e tem por fundamento o princípio da solidariedade familiar. Este princípio tem assento constitucional (art. 229 CF) e está consolidado na fraternidade e na reciprocidade, tanto que seu preâmbulo assegura uma sociedade fraterna.
> Os integrantes da família são, em regra, reciprocamente credores e devedores de alimentos. A imposição de obrigação alimentar entre parentes representa a concretização de tal orientação constitucional.
> O dever de amparo às pessoas idosas dispõe do mesmo conteúdo solidário, sendo estes deveres atribuídos primeiro à família, depois à sociedade e finalmente ao Estado (art. 230 da CF).

A família atual é fundada na solidariedade, na cooperação, no respeito à dignidade de cada um dos seus membros, que se obrigam mutuamente em uma comunidade de vida, sendo compreendida como um espaço de realização pessoal afetiva, no qual os interesses patrimoniais perderam seu papel principal de protagonistas.[86]

Para a psicanalista francesa Elisabeth Roudinesco,[87] não há famílias ideais, a família está se reinventando sozinha, e a família do futuro está para ser construída, e não teorizada.

Cabe aos advogados, juízes, promotores de justiça manter um olhar atento e a mente aberta para saber identificar as mudanças na família. Aí reside a importância fundamental do reconhecimento dos princípios maiores a indicar a atividade de legisladores, ad-

---

[84] ALIMENTOS PROVISÓRIOS. PRINCÍPIO DA SOLIDARIEDADE FAMILIAR. Evidenciada a necessidade da alimentada em face de sua idade avançada e a possibilidade do alimentante de alcançar alimentos para sua genitora, revela-se imperiosa a fixação de alimentos provisórios, com fundamento no princípio da solidariedade. Inteligência do art. 1.696 do Código Civil. Agravo provido em parte. (SEGREDO DE JUSTIÇA). (Agravo de Instrumento nº 70020610580, Sétima Câmara Cível, Tribunal de Justiça do RS, Relator: Maria Berenice Dias, Julgado em 29.08.2007).

[85] Ibidem.

[86] LÔBO, Paulo Luiz Netto. A Repersolnalização das Relações de Família. *Revista Brasileira de Direito de Família*. n. 24, p. 153. Porto Alegre: Síntese/IBDFAM, 2004.

[87] Boletim IBDFAM, n. 34. setembro/outubro 2004, p. 3.

ministradores, julgadores e intérpretes na proteção e promoção de cada um e de todos os membros da família.

Neste prisma, válido é colacionar o voto do Desembargador José Carlos Teixeira Giorgis, na Apelação Cível n° 70008795775,[88] da Sétima Câmara Cível do Tribunal de Justiça do Estado do Rio Grande do Sul:

> A paternidade sociológica é um ato de opção, fundando-se na liberdade de escolha de quem ama e tem afeto, o que não acontece, às vezes, com quem apenas é a fonte geratriz. Embora o ideal seja a concentração entre as paternidades jurídica, biológica e socioafetiva, o reconhecimento da última não significa o desapreço à biologização, mas atenção aos novos paradigmas oriundos da instituição das entidades familiares. Uma de suas formas é a "posse do estado de filho", que é a exteriorização da condição filial, seja por levar o nome, seja por ser aceito como tal pela sociedade, com visibilidade notória e pública. Liga-se ao princípio da aparência, que corresponde a uma situação que se associa a um direito ou estado, e que dá segurança jurídica, imprimindo um caráter de seriedade à relação aparente. Isso ainda ocorre com o "estado de filho afetivo", que além do nome, que não é decisivo, ressalta o tratamento e a reputação, eis que a pessoa é amparada, cuidada e atendida pelo indigitado pai, como se filho fosse. O ativismo judicial e a peculiar atuação do juiz de família impõem, em afago à solidariedade humana e veneração respeitosa ao princípio da dignidade da pessoa, que se supere a formalidade processual, determinando o registro da filiação do autor, com veredicto declaratório nesta investigação de paternidade socioafetiva, e todos os seus consectários.

E, ainda, segue afirmando que:

> Não é suficiente, em busca da solidariedade humana e em respeito ao princípio da dignidade da pessoa humana, apenas reconhecer o autor como dependente previdenciário de J., mas atribuir-lhe a filiação, nesta verdadeira "investigação de paternidade", em busca da equidade e da justiça.[89]

A solidariedade tem incidência permanente sobre a família, expressando-se na superação do individualismo sobre o interesse do bem comum, no respeito recíproco, nos deveres de cooperação financeira e emocional entre os membros do grupo familiar e destes com a comunidade e o meio ambiente em que vivem.

---

[88] Ação declaratória. Adoção informal. Pretensão ao reconhecimento. Paternidade afetiva. Posse do estado de filho. Princípio da aparência. Estado de filho afetivo. Investigação de paternidade socioafetiva. Princípios da solidariedade humana e dignidade da pessoa humana. Ativismo judicial. Juiz de família. Declaração da paternidade. Registro.
[89] Ibidem.

A solidariedade se concretiza quando cada membro da família se realiza observando e preservando os afetos, a cooperação, o respeito, a assistência, o amparo, a ajuda e o cuidado para com todos os membros da família.

O desafio que se apresenta à sociedade e ao Direito é olhar e reconhecer efeitos jurídicos às famílias, levando em consideração cada grupo de pessoas que a compõe, de forma individual e singular.

O Direito não lida com sentimentos, mas transforma esses sentimentos em condutas normatizadas, e desta forma a solidariedade se expressa no dever de mútua assistência, no compartilhamento das responsabilidades parentais entre os cônjuges, na guarda e proteção dos filhos menores e incapazes, no direito de alimentos, na proteção dos idosos e de todos os menos favorecidos.

2.3. Princípio da pluralidade na família brasileira

O conceito unitário de família constituída pelo casamento tomou novos rumos com a Carta Política de 1988, que trouxe para o mundo jurídico o que já existia no mundo dos fatos, ou seja, a diversidade das uniões de pessoas sem a legitimação do matrimônio civil, reconhecendo como entidade familiar as uniões entre homens e mulheres e a comunidade formada por qualquer dos pais e seus descendentes.

Como pondera Renan Lotufo:[90]

> Vejo aqui uma coisa que é preciso se repensar. Quando falamos do Direito de Família, e estamos pretendendo usar muito a interdisciplinaridade, temos que pensar que existe realmente algo que existe e que antecede, portanto, a tudo que se fale com relação do Direito de Família – que é o amor. Sem amor não há família. E é essa a grande evolução que a Constituição traz. É que se permite chamar de "entidade familiar" aquilo que não é a formalidade do casamento, mas é essencialmente a unidade decorrente do afeto entre as pessoas. Daí a natureza da entidade familiar, daí essa natureza decorrente do amor.

---

[90] LOTUFO, Renan. Separação e Divórcio no Ordenamento Jurídico brasileiro e comparado. In: I Congresso Brasileiro de Direito de Família. Repensando o Direito de Família, 1999, Belo Horizonte. *Anais.* Belo Horizonte: Del Rey, 1999, p. 209.

O pluralismo familiar reconheceu o que já existia e que o legislador brasileiro se negava a admitir, ou seja, que as pessoas se uniam em vínculos afetivos formando núcleos familiares distintos do único modelo determinado pelo Código Civil de 1916.

Ao ser humano, fonte de preservação e proteção do ordenamento jurídico, deve ser oferecida a possibilidade de constituir família de forma livre e pessoal, pois o afeto se apresenta sobre várias formas, e a família se solidifica com a convivência, a solidariedade e a comunhão de vida.

É a convivência próxima que traz a certeza do afeto que se nutre pelo outro, é no dia a dia que descobrimos os pequenos prazeres da companhia e presença do outro e onde o amor se mostra, sem máscaras, sem estigmas ou estereótipos.

É na solidariedade que se descobre a fonte e a energia para avançar. Solitário, o ser humano não suportaria os desafios da vida, pois onde surge a mão estendida pelo outro nasce a possibilidade de partilhar o cuidado, a proteção e o conforto para o corpo e para o espírito.

A família deste novo século é aberta e plural, fonte de proteção e abrigo. O modelo legislativo apresentado pelo matrimônio civil não sustentava mais a busca do indivíduo por uma família que representasse o desejo e o querer próprios de cada ser humano na caminhada para suas realizações pessoais e na busca pela felicidade.

Para Luiz Edson Fachin,[91] a família do Código Civil de 1916 se definia matrimonializada, hierarquizada, patriarcal e de feição transpessoal. Um tempo, outra história e contexto político-econômico. Na Constituição, outra família é apreendida: pluralidade familiar, não apenas a matrimonialização define a família, igualdade substancial, e não apenas formal, mas direção diárquica e de tipo eudemonista.

Se o modelo nuclear de família permanece dominante, já não existe um único modelo de família, posto que o plural se impõe, e essa pluralidade enseja o exercício de igualar e diferenciar, em vários momentos, homens e mulheres, segundo as peculiaridades dos conflitos de família judicializados. O reconhecimento da plu-

---

[91] FACHIN, Luiz Edson. *Elementos Críticos do Direito de Família*. Rio de Janeiro: Renovar, 1999, p. 51.

ralidade de formas de constituição da família é uma realidade que tende a se expandir pelo amplo processo de transformação global, que repercute na forma de tratamento das relações interindividuais. A reivindicação e o reconhecimento de direitos de igualdade, respeito à liberdade e à intimidade de homens e mulheres, assegura o direito de constituir vínculos familiares e de manter relações afetivas com outras pessoas sem discriminação.[92]

Embora a Constituição Federal de 1988 tenha reconhecido e protegido esses novos contornos familiares, deixou de normatizar outros arranjos, formados por pessoas do mesmo sexo, pessoas unidas afetivamente sem a consanguinidade e pessoas oriundas de famílias desfeitas, demonstrando que ainda há um longo caminho a ser trilhado de forma que a discriminação e o preconceito deixem de imperar na sociedade e no ordenamento jurídico brasileiro.

Os princípios constitucionais que emergiram da Constituição Federal de 1988 são de eficácia imediata, e o advogado, nas palavras de Maria Cristina Cereser Pezzella,[93] é um dos grandes interlocutores sociais que atuam direto com a malha social e buscam junto ao Judiciário construir o Direito por meio da jurisprudência, preenchendo a inércia do Legislativo e as omissões do Executivo no que toca à produção concreta do Direito.

Aos advogados, magistrados, membros do Ministério Público, caberá a produção de uma vasta doutrina inovadora e criativa em Direito de Família, em que pese a Constituição Federal ter reconhecido a pluralidade familiar, deixou de reconhecer, como exposto antes, diversas formas de vínculos afetivos, criando um hiato normativo que necessitará da presença marcante dos profissionais atuantes em Direito de Família para que essas iniquidades sejam corrigidas.

As uniões estáveis entre pessoas do mesmo sexo, mesmo com grande resistência para seu reconhecimento, vêm recebendo guarida de nossos Tribunais, em especial no Estado do Rio Grande do Sul, que, além de reconhecer essas uniões, possibilitou aos casais homossexuais registrarem na serventia de Títulos e Documentos sua união afetiva, nos termos do Provimento n. 06/04 da Correge-

---

[92] BRAUNER, Maria Cláudia Crespo. O Pluralismo no Direito de Família. Op. cit., p. 260.
[93] PEZZELLA, Maria Cristina Cereser, op. cit., p. 174-175.

doria-Geral da Justiça, publicado no Diário de Justiça n. 2.806, fls. 02, de 03.03.2004.[94]

Essas uniões entre iguais também apresentaram maior expressão em alguns países europeus, conforme Maria Cláudia Crespo Brauner:[95]

> Entre aqueles que editaram lei especial para as referidas uniões, destacam-se: Dinamarca, Lei nº 372, de 27 de junho de 1989; Noruega, Lei nº 32, de abril de 1993; Suécia, Lei nº 1994.1117, de 23 de junho de 1994; Islândia, Lei nº 87/1996 de 1996; Bélgica, Lei de 23 de novembro de 1998; França, Lei nº 99-944, de 15 de novembro de 1999 e Holanda, Lei nº 26.672, de 21 de dezembro de 2000.

A igualdade de sexos entre duas pessoas unidas por vínculos afetivos e solidários não é suficiente para negar a existência e efeitos a essa união, pois é na a convivência pública, notória e permanente com a intenção de constituir família que se baseia o reconhecimento da união estável.

Com o princípio da dignidade da pessoa humana e a preponderância do afeto como valor jurídico nas relações de pessoas do mesmo sexo é que se preenche a lacuna legislativa para o reconhecimento das famílias homoafetivas.

Neste sentido, podemos indicar a decisão da 7ª Câmara Cível do Tribunal de Justiça do Rio Grande do Sul,[96] reconhecendo a

---

[94] Processo n. 22738/03-0. Parecer n. 006/2004-CM/GE. União Estável. Pessoas do mesmo sexo. Inclui parágrafo único no artigo 215 da CNNR-CGJ.
O Excelentíssimo Senhor Desembargador Aristides Pedroso de Albuquerque Neto, Corregedor-Geral da Justiça, no uso de suas atribuições legais, considerando o teor do parecer em epígrafe, resolve prover:
Art. 1º Inclui-se o parágrafo único no artigo 215 da Consolidação Normativa Notarial Registral, com o seguinte teor:
"art. 215 [...] Parágrafo único. As pessoas plenamente capazes, independente da identidade ou oposição de sexo, que vivam uma relação de fato duradoura, em comunhão afetiva, com ou sem compromisso patrimonial, poderão registrar documentos que digam respeito a tal relação. As pessoas que pretendam constituir uma união afetiva na forma anteriormente referida também poderão registrar os documentos que a isso digam respeito."
Art. 2º Este provimento entrará em vigor na data de sua publicação, revogadas as disposições em contrário. Publique-se. Cumpra-se. Porto Alegre, 17 de fevereiro de 2004.
[95] BRAUNER, Maria Cláudia Crespo. O Pluralismo no Direito de Família. Op. cit., p. 270.
[96] APELAÇÃO CIVIL. UNIÃO HOMOAFETIVA. PRINCÍPIO DA DIGNIDADE DA PESSOA HUMANA E DA IGUALDADE.É de ser reconhecida judicialmente a

união homoafetiva mantida entre duas mulheres, de forma pública e ininterrupta, como entidade familiar, baseada no princípio da dignidade da pessoa humana e na igualdade.

O Tribunal mineiro também reconheceu a união estável entre duas mulheres. A Desembargadora Márcia De Paoli Balbino, no julgamento, considerou comprovadas nos autos, não só a convivência e longa coabitação, mas também a assistência mútua e uma relação socioafetiva dirigida a um objetivo comum.[97]

Para Cristiano Chaves Farias,[98] a sociedade contemporânea é aberta, plural, porosa, multifacetária, globalizada, carregando consigo caráter humanista, almejando a proteção dos interesses sociais mais relevantes e uma nova postura jurídica, formando um privilegiado espaço de afeto e de amor, composta de seres humanos, decorrendo dela uma mutabilidade de formas e de expressar o amor, sendo que a interpretação restritiva das diversas possibilidades de entidades familiares importaria, no final, na diminuição da tutela da própria pessoa humana, violando o princípio da dignidade a interpretação restritiva que exclua da proteção qualquer modelo de família.

Com a pluralidade familiar expressa na Constituição Federal de 1988, o objeto da proteção jurídica da família não está mais centrado no casamento, mas no ser humano e no respeito às suas mais variadas configurações familiares.

É na consideração com o outro, no reconhecimento de sua existência e no respeito às diferenças que a dignidade se sustenta, pois não há dignidade nas relações entre as pessoas se não houver

---

união homoafetiva mantida entre duas mulheres de forma pública e ininterrupta pelo período de 16 anos. A homossexualidade é um fato social que se perpetua através dos séculos, não podendo o Judiciário se olvidar de emprestar a tutela jurisdicional a uniões que, enlaçadas pelo afeto, assumem feição de família. A união pelo amor é que caracteriza entidade familiar e não apenas a diversidade de sexos. É o afeto a mais pura exteriorização do ser e do viver, de forma que a marginalização das relações homoafetivas constitui afronta aos direitos humanos por ser forma de privação do direito à vida, violando os princípios da dignidade da pessoa humana e da igualdade. Negado provimento ao apelo. Julg. 21.12.2005.

[97] Disponível em <www.espacovital.com.br//noticias_outras.php?idnoticia=8916.> Acesso em 18 set. 2007.

[98] FARIAS, Cristiano Chaves. *Redescobrindo as Fronteiras do Direito Civil*: uma viagem na Proteção da Dignidade Humana. Porto Alegre: Síntese, 2003, p. 3.

o reconhecimento das formas diferentes de cada ser humano buscar felicidade.

Interpretar restritivamente o texto constitucional apenas reconhecendo a união estável entre homem e mulher e à comunidade formada por pais e filhos é se afastar dos ideais da dignidade humana, da solidariedade e da cidadania insculpidos em nossa Carta Política de 1988.

A família é composta por seres humanos e deve ser reconhecida e protegida nas diversas formas afetivas vividas, independente de escolha sexual, pois só assim se protegem os cidadãos que vivem esses diferentes modelos familiares.

O sistema jurídico brasileiro mantém a família como instituição básica da sociedade, disciplinado diversos efeitos que derivam das figuras e arranjos familiares, sendo que o reconhecimento das uniões entre pessoas do mesmo sexo significa a proteção da dignidade humana com a superação dos diferentes indivíduos que compõem as famílias que, por sua vez, compõem e formam o Estado brasileiro.

Para Luiz Edson Fachin,[99] mais do que fotos na parede ou quadros sem sentido, a família é possibilidade de convivência.

Na opinião do Ministro Humberto Gomes de Barros,[100] nada em nosso ordenamento jurídico disciplina os direitos oriundos das relações homoafetivas tão corriqueiras e notórias nos dias de hoje. A realidade e até a ficção, em novelas e filmes, nos mostram todos os dias a evidência desse fato social. Há projetos de leis que não andam, emperrados em arraigadas tradições culturais, mas as construções pretorianas aos poucos preenchem esse vazio legal, proclamando efeitos práticos a essas relações, apesar de tímidos.

Acerca da importância do reconhecimento das uniões entre iguais e de uma legislação infraconstitucional protegendo essas uniões, Roger Raup Rios[101] afirma que:

> Sem depender da sujeição aos tradicionais esquemas de casamento, união estável ou de concubinato, tais relações apresentam todas as notas distintivas do fenômeno

---

[99] FACIN, Luiz Edson. Op. cit., p. 14.
[100] Recurso Especial n. 238.715-RS (1999/0104282-8), julgado em 7 de março de 2006.
[101] RIOS, Roger Raupp. *A homossexualidade no Direito*. Porto Alegre: Livraria do Advogado, 2001, p. 105.

humano, ora juridicizado pelo Direito de Família, portanto, sua concretização reclama a adequada intervenção legislativa, criadora de um regime jurídico peculiar.

Nestes tempos de busca de maior autenticidade nas relações de afeto, consolida-se um tempo novo que reflete que as relações sejam jungidas mais pelo desejo do que pelas regras impostas.[102]

A Sétima Câmara Cível do Tribunal de Justiça do Rio Grande do Sul,[103] sempre atenta à realidade e aos reclames sociais, manteve, por unanimidade, o direito de visitas a uma criança nascida na constância de uma união afetiva de doze anos entre duas mulheres e concebida por meio de fertilização *in vitro*. Em seu voto, a Desembargadora Maria Berenice Dias[104] se debruçou sobre as seguintes razões:

> [...] Ora, em tempos que a afetividade tornou-se uma realidade digna de tutela, não pode o Poder Judiciário afastar-se da realidade dos fatos. Com bem diz Giselda Hironaka, mudam os costumes, os homens e a história, só não muda a atávica necessidade de cada um saber que em algum lugar se encontra o seu porto e o seu refúgio, vale dizer o seio de sua família. (Família e casamento em evolução. Direito Civil: estudos. Belo Horizonte: Del Rey, 2001, p. 21).
> [...] A paternidade é reconhecida pelo vínculo de afetividade, fazendo nascer a filiação sociafetiva. Ainda, segundo Fachin, a verdadeira paternidade não é um fato da Biologia, mas um fato da cultura, está antes do devotamento e no serviço do que na procedência do sêmen.
> Se a família, como diz João Baptista Villela, deixou de ser unidade de caráter econômico, social e religioso para se afirmar fundamentalmente como grupo de afetividade e companheirismo, o que imprimiu considerável reforço ao esvaziamento biológico da paternidade, imperioso questionar os vínculos parentais nas estruturas familiares formadas por pessoas do mesmo sexo.
> Não se pode fechar os olhos e tentar acreditar que as famílias homoparentais, por não disporem de capacidade reprodutiva, simplesmente não possuem filhos. Se

---

[102] BRAUNER, Maria Cláudia. *Direito. Sexualidade e Reprodução Humana*. Conquistas Médicas e o debate bioético. Rio de Janeiro: Renovar, 2003.

[103] FILIAÇÃO HOMOPARENTAL. DIREITO DE VISITAS. Incontroverso que as partes viveram em união homoafetiva por mais de 12 anos. Embora conste no registro de nascimento do infante apenas o nome da mãe biológica, a filiação foi planejada por ambas, tendo a agravada acompanhado o filho desde o nascimento, desempenhando ela todas as funções da maternagem. Ninguém mais questiona que a afetividade é uma realidade digna de tutela, não podendo o Poder Judiciário afastar-se da realidade dos fatos. Sendo notório o estado de filiação existente entre a recorrida e o infante, imperioso que seja assegurado o direito de visitação, que é mais um direito do filho do que da própria mãe. Assim, é de ser mantida a decisão liminar que fixou as visitas. Agravo desprovido. (Agravo de Instrumento n. 70018249631, julg. 11.04.2007).

[104] Ibidem.

está à frente de uma realidade cada vez mais presente: crianças e adolescentes vivem em lares homossexuais. Gays e lésbicas buscam a realização do sonho de estruturarem uma família com a presença de filhos. Não ver essa verdade é usar o mecanismo da invisibilidade para negar direitos, postura discriminatória com nítido caráter punitivo, que só gera injustiças.

O artigo 5°, inciso II, parágrafo único, da Lei n° 11.340, de 7 de agosto de 2006, Lei Maria da Penha, alterou de forma inédita o cenário legislativo, ao instituir que a família deve ser compreendida como a comunidade formada por indivíduos que são ou se consideram aparentados, unidos por laços naturais, por afinidade ou por vontade expressa, tornando-se a primeira norma infraconstitucional a reconhecer categoricamente o conceito moderno de família, trazendo a ideia de que a família não é aquela constituída por imposição legal, mas pela vontade dos seus próprios membros.[105]

O Supremo Tribunal Federal, em decisão histórica de maio de 2011, sob a relatoria do Ministro Ayres Brito, na ADI 4277/DF, ajuizada pelo Ministério Público, e da ADPF 132/RJ, reconheceu a igualdade entre as uniões homoafetivas e as heteroafetivas.[106]

Além das relações familiares entre iguais, é necessário reconhecer e disciplinar as relações familiares oriundas de famílias reconstituídas, fruto de separações, divórcios, dissoluções de uniões estáveis e de famílias monoparentais.

O desejo do ser humano de se relacionar afetivamente e buscar a felicidade traz para a realidade social a reconstituição do bloco familiar em novas famílias e, para Maria Cláudia Crespo Brauner:[107]

> [...] é comum o fato de as pessoas separadas, ou celibatárias, que compõem as famílias monoparentais, encontrarem a possibilidade de restabelecer a vida conjugal através de novas uniões, fazendo parte de nossa realidade social, sem que o Direito de Família brasileiro tenha elaborado regramento para a proteção destes novos arranjos. As novas famílias daí resultantes têm sido denominadas de famí-

---

[105] ALVES, Leonardo Barreto Moreira. A Função Social da Família. O Reconhecimento Legal do Conceito Moderno de Família: art. 5°, II, parágrafo único, da Lei n. 11.340 (Lei Maria da Penha). *Revista Brasileira de Direito de Família*, ano III, n. 39, p. 149. Porto Alegre: IBDFAM, 2005.

[106] STF.ADPF n. 132-RJ. Rel. Min. Ayres Britto. J. 02.05.2011.

[107] BRAUNER, Maria Cláudia Crespo. O Pluralismo no Direito de Família. Op. cit., p. 274.

lias reconstituídas, recompostas, sequenciais, heterogêneas, ou mesmo, famílias em rede.

A proteção jurídica é necessária, tendo em vista que as novas relações podem vir a representar a oportunidade de proteção aos interesses de crianças e adolescentes, necessitando de pactos e acordos que visem a assegurar relações promissoras e estáveis para ambas as partes: pais e filhos afetivos.[108]

A família tem uma concepção mais íntima e privada, voltada à realização do ser humano, seu bem-estar e seu pleno desenvolvimento, portanto, a interpretação constitucional de proteção à família deve alcançar aquelas famílias que não foram expressamente recepcionadas pela Carta política, que promulgou novos princípios destinados a garantir a plena realização e satisfação pessoal do cidadão.

Pluralidade familiar é reconhecer que o ser humano encontra na família um espaço de realização pessoal e que esse espaço não está limitado a modelos regulados pelo legislador, pois o ser humano em constante evolução está também em constante reconstrução de seu modelo familiar.

2.4. Princípio da isonomia dos membros da família brasileira

A isonomia decorre do princípio da dignidade da pessoa humana e se expressa no reconhecimento de que todos são iguais em direitos e deveres e é na família o lugar primeiro em que deve ser reconhecida e aplicada essa isonomia, que, por força da legislação e da cultura, tratava os seres humanos de forma distinta.

Essa disparidade no ambiente familiar era vista com maior ênfase no tratamento dispensado à mulher e aos filhos menores de idade.

2.4.1. Isonomia dos gêneros humanos

Todo o ser humano tem o desejo de ser reconhecido e valorizado pelo outro em igualdade de condições, não significando as

---

[108] BRAUNER, Maria Cláudia Crespo. O Pluralismo no Direito de Família. Op. cit., p. 276.

mesmas condições, mas o reconhecimento das diferenças de cada um.

Para Maria Celina Bodin de Moraes,[109] o fundamento jurídico da dignidade humana manifesta-se, em primeiro lugar, no princípio da igualdade, no Direito de não receber qualquer tratamento discriminatório, do direito de ter direitos iguais aos de todos os demais, a igualdade formal, segundo a qual todos são iguais perante o ordenamento jurídico. Já a igualdade substancial prevê a necessidade de tratar as pessoas quando desiguais em conformidade com suas desigualdades, passando essa a ser uma formulação mais avançada da igualdade de direitos.

Maria Celina Bodin de Morais lembra Boaventura de Sousa Santos,[110] quando trata das tensões de nosso tempo: as pessoas e os grupos sociais têm o direito a ser iguais quando a diferença os inferioriza, e o direito a serem diferentes quando a igualdade os descaracteriza.

Em uma sociedade pautada pelo pluralismo, pela necessidade de respeito aos membros das diversas culturas minoritárias, como sendo este o único meio de proteger a pessoa humana em suas relações concretas e não mais o cidadão, ao princípio da igualdade deve ser integrado o princípio da diversidade, aqui entendido como o respeito à especificidade de cada cultura.[111]

No pensamento de Hannah Arendt,[112] a pluralidade humana traz a dupla associação dos aspectos da igualdade e da diferença. Então, se os homens não fossem iguais, não seriam capazes de compreender-se entre si e aos seus ancestrais e nem prever as necessidades das gerações futuras; e se não fossem diferentes, dispensariam o discurso ou a ação para se fazerem entender, pois com simples sinais e sons poderiam comunicar-se em suas necessidades imediatas e idênticas.

---

[109] MORAES, Maria Celina Bodin de. O Conceito de Dignidade Humana. Op. cit., p. 118.

[110] SANTOS, Boaventura de Sousa, disponível em <http://www.nominimo.com.br>, acesso em 10 out. 2007.

[111] MORAES, Maria Celina Bodin de. O Conceito de Dignidade Humana. Op. cit., p. 123.

[112] ARENDT, Hannah. *A Condição Humana*. 9. ed. Rio de Janeiro: Forense Universitária, 1999, p. 188.

A igual dignidade de todos os homens funda a igualdade de cada um, pois cada homem é dotado de dignidade e assim, negar a alguém a dignidade significa considerá-lo inferior e, portanto, não mais como humano.[113]

A igualdade consiste no fato de que todos os seres humanos são dotados de razão e consciência, representando o denominador comum a todos os homens e mulheres.[114]

2.4.2. A mulher no contexto da isonomia

A discriminação dirigida à mulher, tanto pela sociedade como pelo ordenamento jurídico, por muito tempo, empobreceu as relações afetivas, pois restringiu a capacidade feminina de se desenvolver como ser humano e com isso limitou o desenvolvimento de todos os membros da família.

A mulher, que adquiria a capacidade civil aos 21 anos de idade no Código Civil brasileiro de 1916, a perdia quando casava, tornando-se, por uma invenção jurídica, relativamente incapaz, nos termos do artigo 6º, inciso II, do Código Civil brasileiro de 1916, ao lado dos filhos, dos pródigos e silvícolas, necessitando da outorga marital para exercer atividade profissional e acompanhando a decisão do marido na escolha do domicílio conjugal.

Embora a regra tenha sido alterada legalmente com o Estatuto da Mulher Casada, Lei nº 4.121, de 27 de agosto de 1962, seu papel de coadjuvante permaneceu até a Carta Política de 1988.

O marido era o senhor absoluto da família legalmente constituída pelo casamento, e a mulher, até o advento da Lei do Divórcio, era obrigada a incluir o patronímico do marido ao seu nome, como uma expressão da submissão feminina a este.

Inúmeras transformações sociais ocorreram com as duas guerras mundiais e alteraram profundamente as relações conjugais. Ao ingressarem no mercado de trabalho, as mulheres abandonaram o

---

[113] MAUER, Béatrice. Notas sobre o respeito da dignidade da pessoa humana... ou pequena fuga incompleta em torno de um tema central. In.: SARLET, Ingo Wolfgang. (org.). *Dimensões da Dignidade*. Porto Alegre: Livraria do Advogado, 2005, p. 81.

[114] MIRANDA, Jorge. *Manual de Direito Constitucional*. 3. ed., Coimbra: Coimbra Editora, 2000, p. 183, v. IV.

papel de "rainhas" do lar, para reinarem num mundo repleto de possibilidades e crescimento individual.

A casa, os filhos e o marido não representavam o único espaço de realização da mulher, e o Estatuto da Mulher Casada buscou equilibrar as relações conjugais, deixando a mulher de se submeter ao poder marital, readquirindo sua capacidade civil plena mesmo após a mudança de seu estado civil de solteira para casada. No entanto, essa igualdade ainda não era absoluta, pois a mulher ainda era considerada associada do marido, mantendo ele o comando da sociedade conjugal e do pátrio poder, hoje poder familiar, sobre os filhos.

A Lei do Divórcio nº 6.515, de 26 de dezembro de 1977, promoveu novo avanço na caminhada feminina pelo reconhecimento da igualdade, trazendo a possibilidade de a mulher escolher pelo uso ou não do patronímico do marido. A adição do nome do marido é emblemática porque simboliza a transferência do pátrio poder do pai para o poder marital do marido.[115]

Embora o Estatuto da Mulher casada tenha agregado um novo olhar sobre a mulher, o Código Civil ainda mantinha diversos dispositivos onde o homem detinha o poder de decisão na relação familiar, como a escolha do domicílio conjugal, a autorização para o filho casar e somente com a Constituição Federal de 1988, a partir do § 5º do artigo 226,[116] que os gêneros conjugais foram reconhecidos iguais em direitos e deveres. Além deste artigo específico na esfera familiar, a Constituição Federal de 1988, em seu artigo 5º, inciso I,[117] reafirmou a igualdade entre homens e mulheres.

Apesar de constar expressamente na Carta Magna o princípio da igualdade de homens e mulheres, no período que mediou o início da vigência da Constituição de 1988 e o Código Civil de 2002, não faltaram interpretações doutrinárias e decisões dos tribunais aplicando as normas de desigualdade inseridas no Código Civil de 1916, em relação aos cônjuges, entretanto, prevaleceu a tese da

---

[115] LÔBO, Paulo Luiz Netto. As Vicissitudes da Igualdade e dos Deveres Conjugais no Direito Brasileiro. Op. cit., p. 9.

[116] Art. 226. [...] § 5º. Os direitos e deveres referentes à sociedade conjugal são exercidos igualmente pelo homem e pela mulher.

[117] Art. 5º [...] I – Homens e mulheres são iguais em direitos e obrigações, nos termos desta Constituição;

aplicabilidade imediata das normas constitucionais, com revogação da legislação civil anterior.[118]

Como bem assevera Paulo Luiz Netto Lôbo:[119]

> [...] a materialização da igualdade de direitos e obrigações entre homem e mulher, nas relações conjugais e de união estável, acompanhou a evolução do princípio da igualdade no âmbito dos direitos fundamentais, incorporados às Constituições dos Estados democráticos contemporâneos. O princípio apresenta duas dimensões:
> a) igualdade de todos perante a lei, considerada conquista da humanidade, a saber, a clássica liberdade jurídica ou formal, que afastou os privilégios em razão da origem, do sangue, ou do estamento social e dotou todos de iguais direitos subjetivos. Todavia, são iguais os que a lei assim considera. Então compreende-se que, até a Constituição de 1988, as mulheres recebessem tratamento desigual, pois a lei as considerava iguais entre si, mas não em relação aos homens.
> b) igualdade de todos na lei, no sentido de se vedar a desigualdade ou a discriminação na própria lei, como, por exemplo, a desigualdade de direitos e obrigações entre homens e mulheres na sociedade conjugal.
> A igualdade de todos na lei ("homens e mulheres são iguais em direitos e obrigações", art. 5º, I, da CF) não significa que suas diferenças sejam desconsideradas, tanto as naturais quanto as culturais. O direito à diferença tem por fim o respeito às peculiaridades de cada qual, constitutivas de suas dignidades, mas fundamenta, como se fez no passado, a desigualdade de direitos e obrigações no plano jurídico.

O caminho percorrido pela mulher para alcançar a igualdade social e normativa foi longo e muito tem a percorrer no mundo dos fatos, acostumando com o coadjuvante papel feminino imposto e, infelizmente, ainda aceito por muitas mulheres.

A igualdade não termina com as diferenças entre os gêneros e deve ser mantida no plano formal do Direito, pois a mulher é diferente do homem, mas como pessoa humana detém os mesmos direitos destes.

Acerca da igualdade entre os cônjuges na prestação de alimentos, o Supremo Tribunal Federal se manifestou pela prestação do varão à mulher em face de sua necessidade, entendendo que a igualdade de direitos pressupõe a igualdade de situações.[120]

---

[118] LÔBO, Paulo Luiz Netto. As Vicissitudes da Igualdade e dos Deveres Conjugais no Direito Brasileiro. Op. cit., p. 6.

[119] Idem, p. 7.

[120] Direito Constitucional, Civil e Processual Civil. Recurso Extraordinário: Alegação de violação dos arts. 5º, I e LV, e 226, § 5º, da Constituição Federal. Alimentos devidos, por dos cônjuges a outro, segundo o Código Civil. 1. O que pretende o recorrente, ora agravante, em substância, é que se reconheça haver o § 5º do

Para Rodrigo da Cunha Pereira:[121]

> A história da mulher no Direito, ou, o lugar dado pelo Direito à mulher, sempre foi um não-lugar. Na realidade, a presença da mulher é a história de uma ausência, pois ela sempre existiu subordinada ao marido, ao pai, sem voz e marcada pelo regime da incapacidade jurídica. O movimento feminista, de uma maneira geral, é a reivindicação de uma cidadania, de um lugar de sujeito e para o sujeito. Mas este lugar conquistado, onde a mulher era emoldurada e confinada à reprodução e produção privada, e nunca considerada na economia global de um país, só foi possível graças à aliança de interesses como o próprio homem e um repensar da divisão sexual do trabalho. Afinal, para o sistema, a mulher também é força produtiva, e mais barata.

A paridade entre os componentes do grupo familiar trouxe a necessidade da redistribuição das tarefas cotidianas e domésticas, ampliando os papéis, compromissos e responsabilidades de todos os componentes do grupo familiar, e também, o reconhecimento por parte da sociedade contemporânea destas mudanças, mesmo que o reconhecimento não se dê de forma linear e imediata, mas por vezes aos solavancos, brigas e disputas.

Destaca José Joaquim Gomes Canotilho[122] que ser igual perante a lei não significa apenas a aplicação igual da lei. A lei, ela

---

artigo 226 modificado o Código Civil, na parte em que este trata de alimentos devidos por um cônjuge ao outro. 2. Como acentuou a decisão agravada "não procede a alegação de ofensa ao § 5º do artigo 226 da CF, segundo o qual os direitos e deveres referentes à sociedade conjugal são exercidos igualmente pelo homem e pela mulher". Tal norma constitucional não implicou revogação das do Código Civil, pelas quais os cônjuges têm o dever de assistência recíproca e aquele que necessitar de alimentos pode exigi-los do outro cônjuge, desde que este os possa prestar. 3. E assim é porque não ser reconhecida situação de igualdade entre os cônjuges, se um precisa de alimentos prestados pelo outro, e se este não precisa de alimentos, não pode prestá-los àquele e lhos recusa. Com efeito, a igualdade de direitos pressupõe a igualdade de situações. E, na instância de origem, bem ou mal, com base na prova dos autos, ficou entendido que o ora agravante está em condições de prestá-los. 4. Para se apurar se um precisa de alimentos e o outro pode prestá-los é imprescindível o exame de provas, inadmissível, porém, em Recurso Extraordinário – Sumula 9. (Agravo Regimental em Recurso Extraordinário n. 218.461-3 São Paulo. Relator: Ministro Sydney Sanches)

[121] PEREIRA, Rodrigo da Cunha. A desigualdade dos gêneros, o declínio do patriarcalismo e as dicriminações positivas. In. PEREIRA, Rodrigo da Cunha. (coord.). I Congresso Brasileiro de Direito de Família. Repensando o Direito de Família, 1999, Belo Horizonte. *Anais*. Belo Horizonte: Del Rey, 1999, p. 164.

[122] CANOTILHO, Joaquim José Gomes. *Direito Constitucional e Teoria da Constituição*. 3. ed. Coimbra: Almedina, 1999, p. 563.

própria, deve tratar por igual todos os cidadãos. O princípio da igualdade dirige-se ao próprio legislador, vinculando-o à criação de um direito igual para todos os cidadãos.

Igualdade entre homens e mulheres é reconhecer as diferenças entre ambos e conceder uma igualdade substancial, tendo em consideração sua singularidade. É valorizar o espaço que cada um representa na família, tendo claro que esse reconhecimento, muitas vezes, passa por crises e conflitos, que podem alcançar mudanças na dinâmica familiar ou mesmo a ruptura da relação conjugal.

2.4.3. Isonomia e proteção dos filhos menores de idade

Assim como as mulheres sofreram inúmeras restrições no sistema jurídico e social, os filhos não concebidos durante o casamento ou legitimados por ele também sentiram a mão discriminatória do legislador e da sociedade que reconhecia como legítimos e sujeitos à proteção jurídica os filhos havidos durante o casamento ou os naturais legitimados com o posterior casamento de seus pais, nos termos do artigo 229 do Código Civil de 1916.[123]

O desenho normativo anterior à Constituição brasileira de 1988 não acompanhou a intensa evolução social em relação à filiação e apresentava regras discriminatórias e de exclusão aos filhos havidos fora do casamento civil.

O modelo clássico do sistema estabelecido para a filiação foi responsável pela manutenção de um quadro de discriminação que perdurou por muito tempo e consolidou a desigualdade fundada na condição de nascimento da criança.[124]

O Código Civil de 1916 exaltava o casamento civil como único modelo da família legítima e, desta forma, todos os filhos nascidos à margem deste modelo eram considerados ilegítimos e impróprios à proteção social e jurídica. No entanto, assim como a família e a condição feminina sofreram intensas transformações, a filiação também percorreu um longo trajeto até seu reconhecimento expresso pela Constituição Federal de 1988, que retirou do

---

[123] Art. 229. Criando a família legítima, o casamento legitima os filhos comuns, antes dele nascidos ou concebidos.

[124] BRAUNER, Maria Cláudia Crespo. *Direito, Sexualidade e Reprodução Humana*. Conquistas Médicas e o Debate Bioético. Rio de Janeiro: Renovar, 2003, p. 192.

ordenamento jurídico a vergonhosa discriminação entre os filhos, dispondo em seu artigo 227, § 6º,[125] que todos os filhos, havidos ou não do casamento, ou por adoção, terão os mesmos direitos.

O manto da hipocrisia foi afastado, e o legislador infraconstitucional desenhou um novo modelo de proteção da filiação não mais baseado no privilégio de uns em detrimento de outros.

A construção do trajeto evolutivo foi pavimentado por significativo conjunto de regras, e as Constituições posteriores ao Código Civil de 1916 deferiam um tratamento pontual à família e à filiação, cuidando de aspectos isolados sem construir um conjunto sistemático de normas.[126]

Para Luiz Edson Fachin:[127]

> Antes do Código, a Constituição brasileira de 1891 dedicou tão-somente um parágrafo para reconhecer validade exclusivamente ao casamento civil (art. 72, § 4º). A rigor, as Constituições anteriores ao Código Civil passaram do silêncio à referência quase imperceptível, fiéis ao contexto vigorante do Estado liberal. A Constituição imperial de 1824 (art. 147), ao prever que o reconhecimento dos filhos naturais seria isento de quaisquer selos ou emolumentos, e que a herança, que lhes cabia, ficaria sujeita a impostos iguais aos que recaíam sobre a dos filhos legítimos. Esse começo de preocupação, já condizente com o Estado social revela outro norte de idéias. A Constituição de 1937 (art. 126), no tocante aos filhos naturais, facilitando-lhes o reconhecimento, assegurou igualdade com os legítimos, extensivos àqueles os direitos e deveres que em relação a estes. Em que pese constarem normas acerca do casamento e ligeira referência à família, praticamente emudecem as Cartas Magnas após 1937 até 1988 acerca dos filhos naturais. A Constituição de 1988, no entanto, é ímpar na extensão e no conteúdo do tratamento conferido à matéria. Conclui-se que o sistema do Código Civil manteve-se quase intacto na essência, até a entrada em vigor da Constituição de 1988.

Desta forma, com a Carta Política de 1988, o paradigma da ilegitimidade de filiação foi rompido, e novos horizontes se abriram para a proteção de todas as espécies de filiação, incluindo a

---

[125] Art. 227. [...] § 6º Os filhos havidos ou não da relação do casamento, ou por adoção, terão os mesmos direitos e qualificações, proibidas quaisquer designações discriminatórias relativas à filiação.

[126] FACHIN, Luiz Edson. A Nova Filiação – Crise e Superação do Estabelecimento da Paternidade. In: PEREIRA, Rodrigo da Cunha. (coord.). I Congresso de Direito de Família. Repensando o Direito de Família. *Anais*. Belo Horizonte: Del Rey, 1999, p. 125.

[127] Idem, ibidem.

afetividade como elemento constitutivo e impregnado de efeitos jurídicos reconhecidos pelos tribunais brasileiros.

Os valores dominantes de uma época patrimonialista e individualista do século passado não servem mais para uma sociedade que busca o reconhecimento das diferenças e dos desejos de cada ser, que se nutre do afeto para ver reconhecidos laços familiares antes ausentes de proteção.

Hoje, não apenas o sangue identifica uma relação jurídica parental, mas laços afetivos que compõem o querer e o desejo de cada ser humano.

Os reais valores a serem protegidos são as diferentes espécies de filiação que desenham o universo brasileiro e que se apresentam sob a forma de filhos de sangue, nascidos ou não durante o casamento, de filhos adotados, que para Luiz Edson Fachin[128] representam a filiação construída no amor em que os laços de afeto se viabilizam desde logo, sensorialmente, superlativando a base do amor verdadeiro que nutrem entre si pais e filhos assumidos de fato, sem o respectivo assento de nascimento em conformidade com a realidade fática, que se expressa pura e simplesmente no afeto e de filhos buscados em centros de fertilização.

Todos têm o direito de serem filhos e de serem reconhecidos e protegidos pelo sistema jurídico brasileiro.

O nascimento é um fato jurídico ordinário; o Direito apreende esse fenômeno e dele defluem efeitos jurídicos, sendo que esse nascimento se submete a uma forma, com a lavratura do assento de nascimento. Com a passagem da biologia ao mundo jurídico e pelo princípio da inocência, embutido no princípio da igualdade, é que fez desaparecer qualquer tratamento discriminatório em face da situação jurídica dos autores da descendência. Filhos são todos iguais e por inteiro.[129]

O desejo de todo o ser humano é ser reconhecido pelo seu semelhante como um ser único, um fim em si mesmo, dotado de dignidade e de ser protegido pelo ordenamento jurídico que só deveria existir com a finalidade de proteger o indivíduo e reconhecê-lo nas suas mais variadas formas e figuras. No entanto, o sistema da filiação após a Constituição Federal de 1988 busca o aperfeiçoa-

---

[128] FACHIN, Luiz Edson. *Elementos...*, op. cit., p. 215-216.
[129] Idem. A Nova Filiação. Op. cit., p. 131.

mento e a adaptação aos novos modelos de família, podendo-se perceber que há uma regulamentação bastante esparsa que trata dos direitos dos filhos e que, nem sempre, nos casos concretos, é dada a devida prioridade ao interesse da criança face à resistência na assimilação do princípio da igualdade de direitos entre todos os filhos e da proibição de distinções em virtude de condição humana.[130]

Além da simples declaração biológica determinada por meio de exames científicos, percebe-se que a autêntica relação de pai e filho requer mais que a mera determinação da descendência genética, atribuindo-se, finalmente, relevância à noção subjetiva dos laços afetivos.[131]

Como assevera Pietro Perlingieri: "o sangue e os afetos são razões autônomas de justificação para o momento constitutivo da família, mas o perfil consensual e a *affectio* constante e espontânea exercem cada vez mais o papel de denominador comum de qualquer núcleo familiar".[132]

O merecimento de tutela da família não diz respeito exclusivamente às relações de sangue, mas, sobretudo, àquelas afetivas que se traduzem em uma comunhão de vida.

Para Luiz Edson Fachin:[133]

> A verdadeira paternidade pode não se explicar apenas na autoria genética da descendência, pois pai também é aquele que se revela no comportamento cotidiano, de forma solidária e duradoura, capaz de estreitar os laços paternos em uma relação psico-afetiva, enfim, que além de poder lhe emprestar seu nome de família, o trata verdadeiramente como seu filho perante o ambiente social.

A verdade biológica e a verdade afetiva são dois meios para se buscar o respeito aos interesses da criança e não podem ser tomadas por conceitos absolutos. Em certas circunstâncias, uma delas

---

[130] BRAUNER, Maria Cláudia Crespo. *Direito, Sexualidade e Reprodução Humana*. Op. cit., p. 192-193.

[131] Idem, p. 196-197.

[132] PERLINGIERI, Pietro. *Perfis do Direito Civil*. Introdução ao Direito Civil Constitucional. 3. ed. Trad. Maria Cristina de Cicco. Rio de Janeiro: Renovar, 1997, p. 244.

[133] FACHIN, Luiz Edson. *Estabelecimento da filiação e paternidade presumida*. Porto Alegre: Sergio Antonio Fabris, 1992, p. 169.

poderá ser desconsiderada em favor da outra, para assegurar-se o bem-estar da criança.[134]

Com a incorporação da igualdade de filiação no sistema jurídico por meio da Constituição Federal, foi editado o Estatuto da Criança e do Adolescente, Lei n° 8.069/90, que adotou a doutrina da proteção integral da criança e do adolescente, prevista na Declaração dos Direitos das Crianças e Adolescentes da ONU, concedendo absoluta prioridade aos seus direitos.[135]

O artigo 3° da Convenção das Nações Unidas sobre os direitos da Criança afirma que todas as ações relativas à criança, levadas a efeito por instituições públicas ou privadas de bem-estar social, tribunais, autoridades administrativas ou órgãos legislativos devem considerar de forma prioritária o interesse maior da criança.[136]

A absoluta prioridade da criança e do adolescente é vista a também, no artigo 3°[137] do Estatuto da Criança e do Adolescente, que deslocou a proteção outrora dada à família matrimonializada e aos filhos legítimos, para os interesses dos filhos dentro das diversas configurações familiares, trazendo com isso a necessária proteção e resguardo de seus interesses em todas as questões que envolvam sua vida. O reconhecimento do afeto como um bem jurídico a ser protegido, a extensão dos vínculos de parentesco para a socioafetividade e as inseminações artificiais conferiram um novo olhar sobre os processos e litígios envolvendo os filhos, antes sujeitos de necessidades e hoje adquirentes da condição de sujeitos de direitos.[138]

---

[134] FACHIN, Luiz Edson. *Estabelecimento...* op. cit., p. 202.

[135] BRAUNER, Maria Cláudia Crespo. O pluralismo do Direito de Família brasileiro. Op. cit., p. 279.

[136] AZAMBUJA, Maria Regina Fay. O Litígio e a Criança: questões polêmicas. In SOUZA, Ivone Maria Cândido Coelho de. (org.). *Direito de Família, diversidade e multidisciplinariedade*. Porto Alegre: IDBFAM, 2007. p. 62.

[137] Art. 3° A criança e o adolescente gozam de todos os direitos fundamentais inerentes à pessoa humana, sem prejuízo da proteção integral de que trata esta Lei, assegurando-lhes, por lei ou por outros meios, todas as oportunidades e facilidades, a fim de lhes facultar o desenvolvimento físico, mental, moral, espiritual e social, em condições de liberdade e de dignidade.

[138] AZAMBUJA, Maria Regina Fay. O Litígio e a Criança. Op. cit., p. 57.

Como escreve Luiz Edson Fachin: "a vida, afinal, é uma viagem na qual embarcamos e muda para sempre ou a vida é uma viagem na qual embarcamos sempre querendo voltar atrás?".[139]

A paternidade, a maternidade, a filiação, são relações que se constroem e são tecidas no cotidiano. São os amores, dissabores e experiências compartilhadas diariamente que criam e constroem a filiação e a possibilidade do ser humano de realizar-se com dignidade plena.

2.5. Princípio da liberdade e da autonomia de vontade na família brasileira

O princípio jurídico da liberdade representa, no plano jurídico, valor fundamental de preservação de direitos e garantias individuais e coletivos contra arbitrariedades e regimes de exceção, tanto que foi erigido a objetivo fundamental da República Federativa do Brasil, nos termos do artigo 3º, I, da Carta Política de 1988.[140]

O ser humano é dotado de autodeterminação consciente e responsável da própria vida, levando consigo a pretensão ao respeito por parte dos demais, como reflexo de sua dignidade humana.[141]

A dignidade da pessoa humana reside na natureza racional do homem e por ser racional é que este pertence a si próprio e tem uma vontade autônoma.[142]

A liberdade de amar, de formar uma família revela o mais íntimo e o mais privado dos sentimentos humanos, que é a manifestação do querer, sem condição ou expectativa.

O princípio da liberdade de cada ser humano se fundamenta numa perspectiva de privacidade, de intimidade, de livre exercício

---

[139] FACHIN, Luiz Edson. *As Intermitências da Vida.* (o nascimento do não-filhos à luz do código civil brasileiro). Rio de Janeiro: Forense, 2007, p. 20.

[140] MOTTA, Carlos Dias. *Direito Matrimonial e seus princípios jurídicos.* São Paulo: Revista dos Tribunais, 2007, p. 217.

[141] SARLET, Ingo Wolfgang. As Dimensões da Dignidade da Pessoa Humana..., Op. cit., p. 21.

[142] MAUER, Béatrice. Notas sobre o respeito da dignidade da pessoa humana... ou pequena fuga incompleta em torno de um tema central. Idem, p. 67.

da vida privada. Liberdade significa poder realizar, sem a interferência de qualquer gênero, as próprias escolhas individuais, e mais, o próprio projeto de vida, exercendo-o como melhor convier.[143]

Esta liberdade guarda limitações, devendo o seu exercício apresentar consonância com os objetivos, os fundamentos e os princípios estabelecidos pela normativa constitucional, isto é, estar em conformidade com o princípio da dignidade da pessoa humana.[144]

Nas palavras de Paulo Bonavides, a liberdade é um bem imprescritível, existe na consciência da humanidade, na memória de todos os povos e de nada adianta violentar a sua liberdade, pois, quem um dia já respirou a liberdade, mais cedo ou mais tarde passará dela o esquife da tirania e o povo voltará a ser livre, como é de sua natureza e de sua índole.[145]

A dignidade do ser humano exige que sejam respeitadas suas liberdades e sua vontade. A pessoa natural, por sua vontade, tem a possibilidade de realizar-se no plano espiritual e afirmar a sua individualidade como ser racional e dotado de subjetividade.[146]

Muitos autores não distinguem a autonomia de vontade da autonomia privada, mas a distinção foi bem posta por Rosa Maria de Andrade Nery, com apoio de Luigi Ferri,[147] que esclareceu ser a autonomia de vontade ligada à vontade real ou psicológica dos sujeitos, no exercício pleno da liberdade própria de sua dignidade humana, que é a liberdade de agir, ou seja, a raiz ou a causa de efeitos jurídicos, respeitando a relação entre vontade e a declaração e é um desdobramento do princípio da dignidade da pessoa humana, porque destaca a liberdade de agir da pessoa, ao passo que, a autonomia privada está ligada ao poder conferido às pessoas para a criação de normas jurídicas particulares.

---

[143] MORAES, Maria Celina Bodin de. O Conceito de Dignidade Humana. Op. cit., p. 136.
[144] Idem, p. 135.
[145] BONAVIDES, Paulo. *A Constituição Aberta*. Temas políticos e constitucionais da atualidade, com ênfase no Federalismo das regiões. 2. ed. São Paulo: Malheiros, 1996, p. 213.
[146] MOTTA, Carlos Dias. *Direito Matrimonial e seus princípios jurídicos*. São Paulo: Revista dos Tribunais, 2007, p. 189.
[147] Idem, p. 194.

O princípio da liberdade consagrado na Constituição Federal, artigo 3º, inciso I, possibilita as escolhas afetivas familiares dos mais variados modelos, bem como a escolha do objeto amoroso. A liberdade na constituição das diversas formas de família e a liberdade do planejamento familiar responsável realça a autonomia e a liberdade dos casais de organizarem suas vidas afetivas e reprodutivas. O artigo 226, § 7º, da Constituição Federal de 1988[148] dispõe acerca da paternidade responsável e da livre decisão do casal no planejamento familiar. A Lei Complementar nº 9.263/96 regula o planejamento familiar como sendo um conjunto de ações de regulação da fecundidade que garanta direitos iguais de constituição, limitação ou aumento da prole pela mulher, pelo homem e pelo casal.[149]

Sérgio Gischkow Pereira[150] reconhece que é tendência de todos os seres humanos, pelo caminho da liberdade, atingir o bem-estar, a igualdade, o respeito incondicional à dignidade, a realização de seus potenciais, alertados que foram, pela ciência, pela filosofia e pela arte, dos mecanismos destinados a deixá-los em um plano de inferioridade.

Para Günter Dürig:[151]

> A dignidade da pessoa humana consiste no fato de que cada ser humano é humano por força de seu espírito, que o distingue da natureza impessoal e que o capacita para, com base em sua própria decisão, tornar-se consciente de si mesmo, de autodeterminar sua conduta, bem como de formatar a sua existência e o meio que o circunda.

O Código Civil brasileiro de 2002, no artigo 1.513,[152] dispõe acerca da liberdade do planejamento familiar, demonstrando que

---

[148] Art. 226. [...] § 7º Fundado nos princípios da dignidade da pessoa humana e da paternidade responsável, o planejamento familiar é livre decisão do casal, competindo ao Estado propiciar recursos educacionais e científicos para o exercício desse direito, vedada qualquer forma coercitiva por parte de instituições oficiais ou privadas.

[149] BRAUNER, Maria Cláudia Crespo. O pluralismo do Direito de Família brasileiro. Op. cit., p. 281.

[150] PEREIRA, Sérgio Gischkow. *Direito de Família*, op. cit., p. 44.

[151] DÜRIG, Günter, apud SARLET, Ingo Wolfang. As Dimensões da Dignidade da Pessoa Humana..., op. cit., p. 21.

[152] Art. 1.513. É defeso a qualquer pessoa, de direito público ou privado, interferir na comunhão de vida instituída pela família.

a paternidade e as relações de parentesco trazem consequências jurídicas sequer previstas e imagináveis antes do advento da Constituição Federal de 1988.

É a consagração da pessoa humana como centro da proteção do ordenamento jurídico. A autonomia de vontade consiste em poder ser aquilo que se é, revelar a plenitude da essência, sem agir dentro de um padrão esperado.

Autonomia de vontade é planejar ter ou não ter filhos, assumir ou não em público a sexualidade num ambiente social e jurídico capaz de acolher sem julgar ou discriminar. É poder realizar as próprias escolhas e estabelecer seu projeto de vida.

A Terceira Turma do Superior Tribunal de Justiça, por três votos a dois, manteve o valor de R$ 200.000,00, a título de indenização por danos morais, que a ex-mulher pagará ao ex-marido por ter omitido a verdadeira paternidade dos filhos, durante mais de 20 anos. A inédita decisão do Superior Tribunal de Justiça demonstra o reconhecimento do valor jurídico da afetividade e do respeito ao ser humano, ao conceder indenização por danos morais ao ex-marido que foi mantido na ignorância sobre a paternidade biológica dos filhos.

A Ministra Nancy Andrighi[153] destacou que a pretendida indenização por danos morais em decorrência da infidelidade conjugal foi afastada pelo Tribunal de origem, mas para a Ministra, a ex-mulher transgrediu o dever de lealdade e da sinceridade ao omitir ao cônjuge, deliberadamente, a verdadeira paternidade biológica dos filhos gerados na constância do casamento, mantendo-o na ignorância.

O direito do pai de conhecer a origem do filho, o direito do filho de conhecer o pai, foi negado pela mãe durante mais de vinte anos, que negou ao filho o direito de pertencer a uma família, direito esse que vem se impondo como um direito fundamental de todo o ser humano.

A livre alteração do regime de bens, trazidos pelo artigo 1.639, § 2º, do Código Civil brasileiro demonstra que a liberdade nas relações familiares está incorporada no sistema jurídico infraconstitucional.

---

[153] Disponível em <http://www.espacovital.com.br/noticia_ler.php?idnoticia=8947>. Acesso em 18.09.2007.

A dissolução do vínculo conjugal extrajudicial, trazida pela Lei nº 11.441, de 6 de janeiro de 2007, oferece um tempo de afirmação da dignidade humana, materializada por meio do respeito à liberdade de casar e de não permanecer casado, retirando o Estado um ambiente que não lhe pertence e que lhe é estranho, ou seja, a vida privada da pessoa humana.[154]

Para Maria Cláudia Crespo Brauner,[155] é possível perceber que o reconhecimento da pluralidade de formas de constituição de família foi incorporado pelo Direito Brasileiro a partir da Carta Política de 1988, mas que a aplicação dos dispositivos de tutela e proteção às diversas entidades familiares requer uma interpretação aberta e criativa, ajustando-se à variedade de conflitos familiares e fundadas em decisões que se baseiam nos princípios da igualdade, da liberdade, da dignidade da pessoa humana e na proteção à intimidade e privacidade de cada ser humano.

Reconhecer o outro e suas diversas formas de amar exige a busca constante do autoconhecimento, do respeito ao ser humano e da certeza de que o Direito não nos oferece uma resposta pronta, mas se constrói a cada dia.

---

[154] FARIAS, Cristiano Chaves de. O Novo Procedimento da Separação e Divórcio Consensual e a Sistemática da Lei nº 11.441/2007: O bem Vencendo o Mal. *Revista Brasileira de Direito de Família*, Ano VIII, n. 40, fev-mar, 2007, p. 70. Com maior profundidade sobre o tema ver também FARIAS, Cristiano Chaves de. *O Novo Procedimento da Separação e Divórcio de acordo com a Lei n. 11.441/07 que implementou um procedimento administrativo para a separação e o divórdicio*. 2. ed. Rio de Janeiro: Lumen Juris, 2007.

[155] BRAUNER, Maria Cláudia Crespo. O pluralismo do Direito de Família brasileiro. Op. cit., p. 283.

3. Ruptura do casal em família

A relação afetiva e estável entre um casal, de maneira geral, não se estabelece de forma imediata, mas passa por diversas fases e etapas, desde o enamoramento, o interesse sexual, a idealização, a identificação, a confiança, a complementação, até o desejo de estabilidade e de permanência com o outro.

A formação de uma família baseada no afeto representa o desejo de continuidade na relação conjugal, de trocas, de crescimento individual e de todos os integrantes da família.

No entanto, as relações conjugais estão submetidas ao desgaste do tempo, a mudança de interesses de cada um dos cônjuges, às crises financeiras, às perdas afetivas e dos interesses comuns. Essas mudanças podem acarretar a ruptura da vida conjugal ou a reconstrução da relação conjugal baseada em novas posturas e papéis conjugais. Se acarretar a ruptura da vida conjugal, pode trazer grande sofrimento aos cônjuges e aos filhos, dependendo da forma como for conduzida essa separação.

A separação de um casal não é só o fim da união material e externa, mas também a quebra de vínculos profundos, laços sexuais e afetivos, criados tanto pelo amor como pelo ódio, pelas brigas, pelas reconciliações e por toda uma série destes elementos e, quanto mais longa e íntima for a relação, mais desolador será o momento da separação, mesmo que a intimidade com o outro tenha sido produto de sofrimento, incompreensão e ofensas.[156]

Uma das maiores dores do ser humano é quando ele termina um casamento, pois os hábitos, as promessas comuns, os sonhos desfeitos e o lugar de referência com o qual estava acostumado não existem mais.

---

[156] GIUSTI, Edoardo. *A Arte de Separar-se*. Um livro que ensina a superar o drama da separação. Rio de Janeiro: Nova Fronteira, 1987, p. 47.

Um dos pontos de maior interferência do poder público na esfera da família talvez seja no momento de rompimento da sociedade conjugal, quer aquela constituída pelo matrimônio ou não, pois é quando afloram os conflitos, e o Poder Judiciário é chamado a intervir, por meio da separação, do divórcio e da dissolução da união estável. De forma administrativa também, pela dissolução da união estável, separação ou divórcio junto aos tabelionatos de notas, previsto na Lei 11.441/07 e Resolução 35 do Conselho Nacional de Justiça.

3.1. Tratamento legislativo antes do Código Civil brasileiro de 2002

O matrimônio civil no ordenamento brasileiro, até a promulgação da Lei divorcista nº 6.515/77, era indissolúvel, sendo admitida sua extinção pela morte de um dos cônjuges, nulidade ou anulabilidade do casamento. O desquite era previsto de forma excepcional, dissolvendo a sociedade conjugal, mas não permitindo um novo casamento.

As pessoas desquitadas, ou seja, "não quites", representavam alguém em débito com a sociedade, na expressão de Maria Berenice Dias,[157] eram tratadas de forma discriminatória, postas à margem da sociedade e das relações familiares, recaindo sobre a mulher, do ponto de vista cultural da época, maior preconceito, pois, se culpada pelo fim do matrimônio, perdia a guarda dos filhos, o direito ao uso do nome do marido e a pensão alimentícia.

A mulher deixava de frequentar os ambientes sociais e festivos, por representar uma ameaça às outras mulheres casadas, para seus maridos e, a final, para a instituição indissolúvel do casamento, carregando o estigma do fracasso da relação marital.

Para a concessão do desquite consensual era exigido o prazo mínimo de dois anos de casamento válido.

A Emenda Constitucional nº 9/77, afastando da Constituição Federal o princípio da indissolubilidade do vínculo matrimonial, introduziu a figura do divórcio no sistema jurídico brasileiro,

---

[157] DIAS, Maria Berenice. *Manual de Direito de Família*. 4. ed. São Paulo: Revista dos Tribunais, 2007, p. 269.

Lei nº 6.515/77, dissolvendo o vínculo conjugal e propiciando um novo casamento.

Na Lei divorcista, o matrimônio ganhou a possibilidade de dissolução da sociedade conjugal por meio da separação judicial, antigo desquite, rebatizado em homenagem aos sentimentos religiosos do povo brasileiro, conforme exposição de motivos da Lei nº 6.515/77,[158] pondo fim aos deveres de coabitação, fidelidade e regime de bens, sem possibilidade de um novo casamento civil.

Algumas alterações expressivas foram feitas em relação aos fundamentos da separação judicial: introduziu-se o "princípio da ruptura", como causa de pedir, prevista no artigo 5º da Lei nº 6.515/77, e foi concedida maior liberdade de interpretação ao operador do Direito, na medida em que adotou o legislador a técnica das cláusulas gerais para a caracterização da culpa, como a conduta desonrosa ou grave violação dos deveres do casamento, devendo, em qualquer das hipóteses, resultar na insuportabilidade da vida em comum.[159]

Para o divórcio, foram previstas duas modalidades: a primeira, na forma de conversão da separação judicial, artigo 25, para o que era exigido o prazo de três anos de separação de fato do casal e, a segunda, na forma direta, inicialmente para aqueles casais que completassem cinco anos de separação fática, com início anterior a 28 de julho de 1977, data da entrada em vigor da Emenda Constitucional nº 9/77, sendo que na modalidade de divórcio direto era exigido, além da comprovação do tempo de separação de fato, o depoimento de três testemunhas em audiência e a demonstração da culpa de um dos divorciandos.[160]

Na lição de Luiz Felipe Brasil Santos:[161]

> Parte da jurisprudência, reconhecendo a dificuldade de atribuir a culpa pelo fracasso do matrimônio a qualquer dos cônjuges – e constatando a inviabilidade de manter unidos pela lei aqueles a quem a vida já separou –, vinha, mesmo quando fundado o pedido no artigo 5º, *caput*, da lei divorcista, decretando a separação judicial sem declaração de culpa, pela simples constatação da falência do matrimônio.

---

[158] SANTOS, Luiz Felipe Brasil. A Separação Judicial e o Divórcio no novo Código Civil. In: SARLET, Ingo Wolfgang. (org.). *O Novo Código Civil e a Constituição*. 2. ed. Porto Alegre: Livraria do Advogado, 2006, p. 272.

[159] Idem, p. 273.

[160] Ibidem.

[161] Ibidem.

Já no início da vigência da Lei de Divórcio, os tribunais esboçaram a tendência de afastamento da culpa para a decretação da separação e do divórcio, evidenciando orientação posterior de que a falta de amor entre os cônjuges é que deve acarretar a ruptura do matrimônio.

Antes mesmo da Lei de Divórcio, Pontes de Miranda,[162] em defesa da necessidade de apuração da culpa, censurava a tendência da jurisprudência de afastar a culpa no desquite, considerando-a incompatível com a concepção católica, afirmando que:

> A despeito, porém, da clareza da lei, da interpretação que se há de dar a regra jurídica limitativa, como é a do art. 317, insinuou-se na jurisprudência, com audácia que toca às raias mesmas da licença, no sentido de "facilitar o desquite", a prática de se admitir, como fundamento para a decretação do desquite, não ser mais possível, nos termos em que se apresenta à Justiça, a permanência da sociedade conjugal. (Tribunal de Justiça de São Paulo, 24 de março de 1925. RT 54/49; 8 de novembro de 1927, 64/232; 3ª Câmara da Corte de Apelação do Distrito Federal, 4 de abril de 1929, RD 94/327; 4ª Câmara, 19 de setembro de 1933, RD 28/479) Quase sempre ocorre isso naquelas ações em que os juízes, não encontrando base para julgar procedente a ação ou procedente a reconvenção, ou procedentes uma e outra, decidem pela improcedência e, tomando a mais absurda das atitudes (pois que, julgada improcedente a ação e improcedente a reconvenção, nenhum provimento cabe aos tribunais), decretam o desquite por impossibilidade da convivência conjugal, ou quejandas fórmulas, que destoam, abertamente, da letra e do sistema do Código Civil, e tomam aspectos escandalosos nos votos de juízes que se dizem católicos. Não está na lei, além de constituírem tais causas criadas a própria linha divisória entre a concepção católica e a concepção luterana ou calvinista do divórcio. A doutrina – a única compatível com os textos do direito brasileiro e com os princípios, inclusive com o favor *matrimonii* – foi exposta pelo Tribunal de Justiça de São Paulo, a 3 de agosto de 1926 (RT 59/312), que acentuou não poder ser decretado o desquite quando não provadas as acusações feitas, de parte a parte, pelo marido e pela mulher, na ação e na reconvenção de desquite, pois se houvesse incompatibilidade de temperamento, não querendo, ou não podendo os cônjuges viver juntos, o único caminho seria separarem-se por mútuo consentimento. No mesmo sentido, a 4ª Câmara da Corte de Apelação do Distrito Federal, 28 de julho de 1933 (AJ 28/289). Aliás, já essa era a solução tradicional (2ª Câmara da Corte de Apelação do Distrito Federal, 23 de maio de 1911, RD 201/599). Quando ação de separação judicial tem de ser julgada, – ou o juiz anula o processo, ou acolhe alguma outra preliminar processual, ou alguma questão prévia inclusa no mérito, ou decide pela procedência, no todo, ou em parte, ou pela improcedência, quer da ação, quer da reconvenção, quer de alguma exceção

---

[162] PONTES DE MIRANDA. *Tratado de Direito Privado*. Parte Especial. Atualizado por Vilson Rodrigues Alves. Campinas: Bookseller, 2000, p. 81-82, t. VIII.

que diga respeito ao mérito da causa. Conceder desquite por fundamento que não esteja no art. 5º, pr., em que se abrange o que se previa no art. 317 do Código Civil, é, se não incide a regra jurídica do art. 5º, § 1º, o que é diversa questão, violar o direito em tese, é violar letra da lei.

A Constituição Federal de 1988 introduziu diversas alterações acerca da família, reconhecendo a união estável entre homens e mulheres e a família monoparental como entidades familiares, não havendo mais hierarquia ou privilégios de uma sobre a outra, embora o Código Civil de 2002 tenha privilegiado o casamento em detrimento da união estável, no Direito sucessório e não tenha regulado as famílias monoparentais.

A Carta Política de 1988 trouxe, também, modificações em relação ao divórcio, mantendo inalterado o tratamento dispensado à separação judicial prevista na Lei nº 6.515/77.

A Carta Política facilitou a obtenção do divórcio, reduzindo o prazo para a concessão no divórcio por conversão de separação judicial, de três para um ano após o trânsito em julgado da sentença e, no divórcio direto, de cinco anos de separação fática do casal, para dois anos, sem o questionamento da culpa, bastando a prova da separação de fato por mais de dois anos consecutivos.

O Código Civil de 2002, no Capítulo X do Livro IV, previu a dissolução da sociedade e do vínculo matrimonial, a partir do artigo 1.571 ao artigo 1.582.

O artigo 1.571[163] estabelece que a morte de um dos cônjuges, a nulidade ou anulabilidade do casamento, a separação judicial, o divórcio e a presunção de ausência termina com a sociedade conjugal.

A dissolução da União Estável tem previsão legal no artigo 7º da Lei nº 9.278, de 10 de maio de 1996,[164] apenas em caso de morte

---

[163] Art. 1.571. A sociedade conjugal termina: I – pela morte de um dos cônjuges; II – pela nulidade ou anulação do casamento; III – pela separação judicial; pelo divórcio. § 1º O casamento válido só se dissolve pela morte de um dos cônjuges ou pelo divórcio, aplicando-se a presunção estabelecida neste Código quanto ao ausente. § 2º Dissolvido o casamento pelo divórcio direto ou por conversão, o cônjuge poderá manter o nome de casado; salvo, no segundo caso, dispondo em contrário a sentença de separação judicial.

[164] Art. 7º Dissolvida a união estável por morte de um dos conviventes, o sobrevivente terá direito real de habitação, enquanto viver ou não constituir nova união ou casamento, relativamente ao imóvel destinado à residência da família.

de um dos companheiros, e o Código Civil de 2002 não prevê expressamente sua dissolução, no entanto, o procedimento judicial ocorre nos moldes da dissolução do vínculo conjugal, com o acréscimo da necessidade da prova de existência dessa união.

Em 14 de julho de 2010, foi publicado, no Diário Oficial da União a Emenda Constitucional n° 66, que estabelece o divórcio imediato. A nova regra passa a vigorar a partir dessa data, e tem o condão de retirar a exigência da separação judicial prévia ou a separação de fato por mais de dois anos para que os casais brasileiros possam obter a dissolução do vínculo matrimonial. Dispõe a Constituição Federal em seu artigo 226, § 6°, que o casamento civil pode ser dissolvido pelo divórcio.

O texto anterior do § 6° da Constituição Federal previa que o casamento civil poderia ser dissolvido pelo divórcio, após a separação judicial por mais de um ano nos casos expressos em lei, ou comprovada separação de fato por mais de dois anos, a nova redação, com a alteração constitucional, dispõe que o casamento civil pode ser dissolvido pelo divórcio.

Esta alteração trouxe grandes discussões doutrinárias e jurisprudenciais no direito de família. Segundo Dimas Messias de Carvalho,[165] após a nova regra constitucional, diversas interpretações surgiram, destacando-se quatro. A primeira afirmando que não existe mais o instituto da separação judicial, aplicando-se o divórcio direto sem exigência de prazos e discussões de causa; a segunda afirmando continuar existindo a separação judicial e administrativa, coexistindo com o divórcio direto mas sem a exigência de prazos; a terceira dizendo que a legislação ordinária no divórcio e na separação deve ser aplicada na íntegra, já que a EC n° 66 apenas prevê que o casamento pode ser dissolvido pelo divórcio, e a última afirmando que a emenda constitucional extinguiu a exigência de prazos apenas para a o divórcio, permanecendo as mesmas exigências de prazos e requisitos para a separação judicial. Hoje, o divórcio pode ser concedido a partir do primeiro dia seguinte ao casamento.

A V Jornada Direito Civil,[166] realizada pelo Conselho de Justiça Federal, aprovou os enunciados de n. 513 (não extinguindo o

---

[165] CARVALHO, Dimas Messias de. *Direito das Famílias*. 3. ed. Lavras: UNILAVRAS, 2014, p. 255.
[166] Idem, p. 274.

instituto da separação judicial e extrajudicial), de n. 514 (determinando que não há prazo mínimo de casamento para a concessão da separação consensual) e de n. 516 (extinguindo os prazos previstos no artigo 1.580 do Código Civil Brasileiro, mantendo o divórcio por conversão).

Para fins didáticos e sem maiores aprofundamentos, segue abaixo o tratamento legislativo dado pelo Código Civil de 2002 antes do novo regramento trazido pelo constituinte e pelo atual Código de Processo Civil de 2015.

3.2. Tratamento legislativo antes da EC nº 66/10, que alterou o § 6º do artigo 226 da Constituição Federal

A separação judicial existe nas modalidades consensual e litigiosa. A separação judicial consensual tem previsão legal no artigo 1.574.[167]

Os pressupostos exigidos para a separação por mútuo acordo dos cônjuges são: a vigência do casamento por mais de um ano e o consenso entre o casal de romperem a união civil, sem a necessidade de apontar a motivação para esse rompimento.

O processo de separação judicial consensual é regulado no Código de Processo Civil de 2015, nos artigos 731 a 733, e nesta ação é indispensável que conste a deliberação conjunta do casal acerca da guarda dos filhos, do direito de convivência, dos alimentos aos filhos menores de idade ou incapazes, dos alimentos entre os separandos e a manutenção ou retirada do sobrenome do cônjuge, presumindo-se, no silêncio, que o sobrenome permanece inalterado.

A guarda compartilhada, que foi inicialmente introduzida pela Lei nº 11.698, de 13 de junho de 2008,[168] e após alterada pela

---

[167] Art. 1.574. Dar-se-á separação judicial por mútuo consentimento dos cônjuges se forem casados por mais de um ano e o manifestarem perante o juiz, sendo por ele devidamente homologada a convenção. Parágrafo único. O juiz pode recusar a homologação e não decretar a separação judicial se apurar que a convenção não preserva suficientemente os interesses dos filhos ou de um dos cônjuges.

[168] Art. 1.583. A guarda será unilateral ou compartilhada. § 1º Compreende-se por guarda unilateral a atribuída a um só dos genitores ou a alguém que o substitua (art. 1.584, § 5º) e, por guarda compartilhada a responsabilização conjunta e o

Lei nº 13.058, de 22 de dezembro de 2014[169] pode representar uma

exercício de direitos e deveres do pai e da mãe que não vivam sob o mesmo teto, concernentes ao poder familiar dos filhos comuns. § 2º A guarda unilateral será atribuída ao genitor que revele melhores condições para exercê-la e, objetivamente, mais aptidão para propiciar aos filhos os seguintes fatores: I – afeto nas relações com o genitor e com o grupo familiar; II – saúde e segurança; III – educação. § 3º A guarda unilateral obriga o pai ou a mãe que não a detenha a supervisionar os interesses dos filhos. § 4º (VETADO). Art. 1.584. A guarda, unilateral ou compartilhada, poderá ser: I – requerida, por consenso, pelo pai e pela mãe, ou por qualquer deles, em açãoautônoma de separação, de divórcio, de dissolução de união estável ou em medida cautelar; II – decretada pelo juiz, em atenção a necessidades específicas do filho, ou em razão da distribuição de tempo necessário ao convívio deste com o pai e com a mãe. § 1º Na audiência de conciliação, o juiz informará ao pai e à mãe o significado da guarda compartilhada, a sua importância, a similitude de deveres e direitos atribuídos aos genitores e as sanções pelo descumprimento de suas cláusulas. § 2º Quando não houver acordo entre a mãe e o pai quanto à guarda do filho, será aplicada, sempre que possível, a guarda compartilhada. § 3º Para estabelecer as atribuições do pai e da mãe e os períodos de convivência sob guarda compartilhada, o juiz, de ofício ou a requerimento do Ministério Público, poderá basear-se em orientação técnico-profissional ou de equipe interdisciplinar. § 4º A alteração não autorizada ou o descumprimento imotivado de cláusula de guarda, unilateral ou compartilhada, poderá implicar a redução de prerrogativas atribuídas ao seu detentor, inclusive quanto ao número de horas de convivência com o filho. § 5º Se o juiz verificar que o filho não deve permanecer sob a guarda do pai ou da mãe, deferirá a guarda à pessoa que revele compatibilidade com a natureza da medida, considerados, de preferência, o grau de parentesco e as relações de afinidade e afetividade."

[169] Art. 1º Esta Lei estabelece o significado da expressão "guarda compartilhada" e dispõe sobre sua aplicação, para o que modifica os arts. 1.583, 1.584, 1.585 e 1.634 da Lei nº 10.406, de 10 de janeiro de 2002 (Código Civil). Art. 2º A Lei nº 10.406, de 10 de janeiro de 2002 (Código Civil), passa a vigorar com as seguintes alterações: "Art. 1.583. (...) § 2º Na guarda compartilhada, o tempo de convívio com os filhos deve ser dividido de forma equilibrada com a mãe e com o pai, sempre tendo em vista as condições fáticas e os interesses dos filhos. I – (revogado); II – (revogado); III – (revogado). § 3º Na guarda compartilhada, a cidade considerada base de moradia dos filhos será aquela que melhor atender aos interesses dos filhos (...) § 5º A guarda unilateral obriga o pai ou a mãe que não a detenha a supervisionar os interesses dos filhos, e, para possibilitar tal supervisão, qualquer dos genitores sempre será parte legítima para solicitar informações e/ou prestação de contas, objetivas ou subjetivas, em assuntos ou situações que direta ou indiretamente afetem a saúde física e psicológica e a educação de seus filhos". "Art. 1.584. (...) § 2º Quando não houver acordo entre a mãe e o pai quanto à guarda do filho, encontrando-se ambos os genitores aptos a exercer o poder familiar, será aplicada a guarda compartilhada, salvo se um dos genitores declarar ao magistrado que não deseja a guarda do menor. § 3º Para estabelecer as atribuições do pai e da mãe e os períodos de convivência sob guarda compartilhada, o juiz, de ofício ou a requeri-

solução para a consolidação dos vínculos parentais, com a presença e participação de ambos os genitores no desenvolvimento dos filhos. Posturas de cooperação e mútua assistência em relação aos filhos menores de idade viabilizam a concessão da guarda compartilhada, pois a quebra do vínculo parental e o afastamento de um dos genitores podem ameaçar a base segura de formação da personalidade da criança ou do adolescente e, na medida em que a sociedade e o legislador aceitarem que, na ruptura da vida conjugal dos pais, deve ser priorizada a manutenção dos laços parentais com os filhos, e que os pais estão habilitados à criação e educação dos filhos conjuntamente, como o faziam durante o casamento, a guarda compartilhada poderá se apresentar como uma alternativa viável à formação dos novos papéis parentais.[170]

Resta lembrar que antes da alteração introduzida pela Lei 13.058/14, a jurisprudência dominante nos Tribunais era não admitir a guarda compartilhada sem o consenso dos pais. A guarda compartilhada não se mostrava adequada para casais que demonstram atitudes hostis entre si. Para exemplificar, neste sentido, ocorreu a decisão do Tribunal de Justiça do Rio Grande do Sul, negando o pedido de guarda compartilhada em razão de não encontrar

---

mento do Ministério Público, poderá basear-se em orientação técnico-profissional ou de equipe interdisciplinar, que deverá visar à divisão equilibrada do tempo com o pai e com a mãe. § 4º A alteração não autorizada ou o descumprimento imotivado de cláusula de guarda unilateral ou compartilhada poderá implicar a redução de prerrogativas atribuídas ao seu detentor. § 5º Se o juiz verificar que o filho não deve permanecer sob a guarda do pai ou da mãe, deferirá a guarda a pessoa que revele compatibilidade com a natureza da medida, considerados, de preferência, o grau de parentesco e as relações de afinidade e afetividade. § 6º Qualquer estabelecimento público ou privado é obrigado a prestar informações a qualquer dos genitores sobre os filhos destes, sob pena de multa de R$ 200,00 (duzentos reais) a R$ 500,00 (quinhentos reais) por dia pelo não atendimento da solicitação". "Art. 1.585. Em sede de medida cautelar de separação de corpos, em sede de medida cautelar de guarda ou em outra sede de fixação liminar de guarda, a decisão sobre guarda de filhos, mesmo que provisória, será proferida preferencialmente após a oitiva de ambas as partes perante o juiz, salvo se a proteção aos interesses dos filhos exigir a concessão de liminar sem a oitiva da outra parte, aplicando-se as disposições do art. 1.584."

[170] THOMÉ. Liane Maria Busnello; FELIX, Denise. A Guarda Compartilhada como Alternativa para as Novas Relações Parentais. *Destaque Jurídico: Revista de Estudos Jurídicos*, Porto Alegre, ano 2002, p. 128.

fundamento legal e ser incompatível com a situação fática dos autos, tendo em conta a atitude belicosa entre as partes.[171]

No corpo do referido acórdão, o Desembargador Antonio Carlos Stangler Pereira,[172] para negar a guarda compartilhada, se debruçou nas atitudes beligerantes demonstradas pelas partes que comprovaram a falta de habilidade e capacidade para utilizarem a guarda compartilhada no exercício do poder familiar após a dissolução do casamento.

Atualmente o Superior Tribunal de Justiça vem adotando posicionamento diferente em relação à decretação da guarda compartilhada sem consenso dos genitores e várias decisões têm decretado a guarda compartilhada mesmo sem o consenso dos pais e levando em consideração o melhor interesse das crianças e adolescentes.

Além do acordo em relação à guarda, o casal deve arrolar os bens adquiridos durante o casamento, na peça exordial e, não havendo consenso ou interesse na partilha do patrimônio adquirido em comum durante o casamento, esta poderia ser levada a efeito em ação posterior autônoma, o que já vinha sendo admitido antes

---

[171] APELAÇÃO CIVIL. CAUTELAR INOMINADA E DIVÓRCIO. GUARDA. PARTILHA E ALIMENTOS. O magistrado, carente de elementos a dar certeza quanto à data da efetiva separação fática do casal, deve pautar-se na data da propositura da ação de separação consensual, impondo-se a partilha dos bens adquiridos até esta data, uma vez que adquiridos ainda na constância da união. O pedido do apelante para o deferimento de "guarda compartilhada" não encontra fundamento, uma vez que se mostra esta medida incompatível com a situação fática dos autos, tendo em conta a atitude belicosa entre as partes. Os alimentos forma fixados em consonância com o binômio necessidade/possibilidade, não merecendo qualquer reparo. No que toca ao ônus sucumbencial, este atendeu o decaimento dos pedidos das partes, tanto na ação cautelar como na principal, e ao disposto no art. 20 do CPC. Apelo desprovido. (Apelação Civil nº 70006241145, j. 29 de abril de 2004. Relator: Desembargador Antônio Carlos Stangler Pereira).

[172] O pedido do apelante para o deferimento de "guarda compartilhada" não encontra fundamento, uma vez que se mostra esta medida incompatível com a situação fática dos autos. A guarda compartilhada, segundo preleciona Liane Maria Busnello Thomé: "vem a ser uma modalidade da guarda jurídica atribuída a ambos os genitores. Esta nova modalidade busca atenuar o impacto negativo da ruptura conjugal dos pais sobre o relacionamento com os filhos. A guarda compartilhada traz para ambos os pais equivalente autoridade legal para tomarem decisões importantes quanto à vida e o bem-estar de seus filhos. Ambos os genitores estão sempre presentes no cotidiano de seus filhos. Doutrinadores sustentam que a guarda compartilhada nada mais é do que uma forma conjunta de autoridade parental em relação aos filhos, da mesma maneira que desenvolviam essa atividade quando casados".

do Código Civil de 2002, na linha do Enunciado 197 da Súmula do Superior Tribunal de Justiça, que dispensava a partilha de bens em se tratando de divórcio direto, o que era utilizado para a separação judicial.

O juiz pode se recusar a homologar a convenção das partes caso verifique que o acordo estabelecido não preserva suficientemente os interesses dos filhos ou de um dos cônjuges. Esse poder discricionário do juiz é chamado de cláusula de dureza e tem por objetivo resguardar os direitos dos filhos menores de idade ou de um dos cônjuges, que na relação conjugal tenham uma posição de menor privilégio, acarretando posterior prejuízo econômico, principalmente em relação aos bens do casal.

A qualquer tempo é facultado ao casal o restabelecimento da sociedade conjugal, por meio de petição dirigida ao juízo da separação, respeitado o direito de terceiros adquirido durante a separação judicial.[173]

A separação judicial litigiosa se subdivide em separação sanção, quando se discute a culpa pela ruptura da vida conjugal,[174] a separação falência, quando o casal está separado de fato há mais de um ano[175] e a separação remédio, quando um dos cônjuges é acometido de doença mental grave de cura improvável, manifestada após o casamento, que torne a vida em comum impossível.[176]

---

[173] Art. 1.577. Seja qual for a causa da separação judicial e do modo como esta se faça, é lícito aos cônjuges restabelecer, a todo o tempo, a sociedade conjugal, por ato regular em juízo. Parágrafo único. A reconciliação em nada prejudicará o direito de terceiros, adquirido antes e durante o estado de separado, seja qual for o regime de bens.

[174] Art. 1.572 *caput*. Qualquer dos cônjuges poderá propor a ação de separação judicial, imputando ao outro qualquer ato que importe grave violação dos deveres do casamento e torne insuportável a vida em comum. Artigo 1.573. Podem caracterizar a impossibilidade da comunhão de vida a ocorrência dos seguintes motivos: I – adultério; II – tentativa de morte; III – sevícia ou injúria grave; IV – abandono voluntário do lar conjugal, durante um ano contínuo; condenação por crime infamante; VI – conduta desonrosa. Parágrafo único. O juiz poderá considerar outros fatos, que tornem evidente a impossibilidade da vida em comum.

[175] Art. 1.572. [...] § 1º A separação judicial pode também ser pedida se um dos cônjuges provar ruptura da vida em comum há mais de um ano e a impossibilidade de sua reconcialiação.

[176] Art. 1.572. [...] § 2º O cônjuge pode ainda pedir a separação judicial quando o outro estiver acometido de doença mental grave, manifestada após o casamento, que torne impossível a continuação da vida em comum, desde que, após uma

Para Sérgio Giskchow Pereira,[177] as causas para a separação sanção elencadas no Código Civil de 2002, sob a denominação de impossibilidade da comunhão de vida, são absolutamente inúteis e um lamentável retrocesso; inútil, pois o próprio Código Civil de 2002 dispõe que outros fatores além daqueles indicados no diploma civil podem ser considerados pelo juiz para a decretação da separação sanção e retrocesso porque ressuscita a antiga enumeração de hipóteses do desquite litigioso, vigorante no Código Civil de 1916 até o advento da Lei de Divórcio nº 6.515/77.

Na opinião de Leonardo Barreto Moreira Alves,[178] diante do reconhecimento constitucional de novas entidades familiares, a manutenção da separação judicial perdeu completamente sua razão de ser, pois o divórcio vem cada vez mais sendo facilitado.

Hoje a dissolução do vínculo matrimonial não gera o calor das discussões travadas no Congresso Nacional à época da promulgação da Lei do Divórcio e o tempo comprovou que a família, nas suas diversas formas de constituição, se mantém forte e sustentada por valores fundados no afeto e na autonomia de vontade entre outros, e não mais se justificando a permanência de um instituto que somente foi mantido para que a lei divorcista fosse sancionada, bastando para a dissolução do vínculo, o divórcio.

3.3. Divórcio judicial: consensual e litigioso antes da EC nº 66/10, que alterou o § 6º do artigo 226 da Constituição Federal

O divórcio põe fim ao vínculo matrimonial, possibilitando às partes novo casamento civil. O mesmo efeito não tem a separação

---

duração de dois anos, a enfermidade tenha sido reconhecida de cura improvável. § 3º No caso do § 2º, reverterão ao cônjuge enfermo, que não houver pedido a separação judicial, o remanescentes dos bens que levou para o casamento, e se o regime dos bens adotado o permitir, a meação dos adquiridos na constância da sociedade conjugal.

[177] PEREIRA, Sérgio Giskchow. *Direito de Família*, op. cit., p. 62.

[178] ALVES, Leonardo Barreto Moreira. Reformas Legislativas Necessárias no Direito de Família e das Sucessões. *Revista Brasileira de Direito de Família*, Porto Alegre, v. 9, n. 42, p. 148-149, jun./jul., 2007.

judicial, que somente rompe com a sociedade conjugal, obrigando os separados judicialmente a ingressarem com nova ação no Poder Judiciário para verem dissolvido o vínculo conjugal.

O divórcio é previsto na forma direta ou indireta, consensual ou litigiosa, e o divórcio direto é alcançado quando o casal já está separado de fato há mais de dois anos, nos termos do artigo 1.580, § 2º, do Código Civil brasileiro,[179] sem a exigência da constatação da culpa de um dos cônjuges, bastando a prova da separação fática.

No divórcio direito consensual, ambos os cônjuges podem ingressar com a ação, ajustando a guarda, visitas e alimentos aos filhos menores ou incapazes, o uso do nome e alimentos entre si, nos moldes do que ocorria no procedimento da separação judicial consensual, provados os dois anos de ruptura da vida em comum.

A partilha de bens pode ser realizada no processo do divórcio ou em momento posterior, em ação autônoma.

No divórcio direito litigioso, um dos cônjuges ingressa com a ação, provando a ruptura da vida em comum há mais de dois anos, discutindo guarda, visitas, alimentos para os filhos menores e incapazes, para si, no caso de necessitar, e a partilha dos bens de acordo com o regime de bens escolhido.

A discussão da culpa, diferente do que ocorre com a separação judicial, não pode ser discutida porque não tem previsão legal, descabendo ao intérprete fazer analogia com os critérios de culpa na separação judicial, bastando a comprovação do lapso temporal de dois anos de separação de fato para a concessão e decretação da medida.

No divórcio direto era obrigatória a audiência de ratificação, nos termos do artigo 40, § 2º, III, da Lei de Divórcio,[180] sendo

---

[179] Art. 1.580. Decorrido um ano do trânsito em julgado da sentença que houver decretado a separação judicial, ou da decisão concessiva da medida cautelar de separação de corpos, qualquer das partes poderá requerer sua conversão em divórcio. § 1º a conversão em divórcio da separação judicial dos cônjuges será decretada por sentença, da qual não constará referência à causa que a determinou. § 2º O divórcio poderá ser requerido por um ou ambos os cônjuges, no caso de comprovada separação de fato por mais de dois anos.

[180] Art. 40. No caso de separação de fato, e desde que completados 2 (dois) anos consecutivos, poderá ser promovida ação de divórcio, na qual deverá ser compro-

admitida pelos Tribunais a declaração escrita e com firma reconhecida de duas testemunhas comprovando a separação do casal e a dispensa das referidas testemunhas na audiência ratificatória do pedido. Hoje não mais existe a oitiva de testemunhas para comprovação do lapso temporal de separação de fato.

No divórcio, é admitido o pedido de alimentos ao cônjuge necessitado e também na reconvenção ao pedido de divórcio.

A sentença de divórcio acarreta a alteração do estado civil dos cônjuges, que passam a ser divorciados. Na separação judicial, também há alteração do estado civil, passando de casados para separados. A diferença de ordem prática é que no estado de separados, se ocorre a morte de um dos ex-cônjuges, o sobrevivente passa à condição de viúvo e no caso do estado de divorciado, não.

O divórcio na forma indireta, por conversão da separação judicial, não altera as cláusulas da separação judicial, bastando a comprovação do lapso de um ano do trânsito em julgado da sentença que decretou a separação judicial ou da decisão concessiva da medida cautelar de separação de corpos, nos termos do *caput* do artigo 1.580 do Código Civil brasileiro, não prevendo o legislador a realização de audiência.

O descumprimento de qualquer das cláusulas ajustadas na separação deve ser discutidas em ação própria, sendo o único empecilho para a decretação da conversão de separação em divórcio o prazo inferior a um ano do trânsito em julgado da sentença que determinou a separação ou da decisão da medida cautelar que decretou a separação de corpos.

A partir de agora, com a promulgação da Emenda Constitucional nº 66/10, pondo fim ao sistema dualista adotado no Brasil com a supressão da prévia separação judicial, os procedimentos judiciais estão sendo adaptados as novas regras vigentes. Melhor seria a promulgação de Lei infraconstitucional regulando as questões de ruptura do vínculo matrimonial face à alteração constitucional.

---

vado decurso do tempo da separação. [...] § 2º No divórcio consensual, o procedimento adotado será o previsto nos arts. 1.120 e 1.124 do Código de Processo Civil, observadas, ainda, as seguintes normas: [...] III – se houver prova testemunhal, ela será traduzida na audiência de ratificação do pedido de divórcio, a qual será obrigatoriamente realizada.

3.4. Divórcio e separação extrajudicial consensual

O divórcio e a separação consensual extrajudicial têm previsão no artigo 733[181] do Código de Processo Civil de 2015, dispondo acerca da dissolução da sociedade e do vínculo conjugal por meio de escritura pública, com assistência de advogado, observação da inexistência de filhos menores de idade ou incapazes, ajuste quanto à partilha de bens, alimentos e manutenção ou retomada do nome de solteiro.

Trata-se de um procedimento administrativo, facultado às partes, que, atendidos os requisitos estabelecidos, poderão se utilizar das serventias notariais para verem dissolvidos a sociedade e o vínculo matrimonial, sem a necessidade da chancela do Poder Judiciário.

Na opinião de Cristiano Chaves de Farias,[182] essa boa nova processual, que integra um grande espectro de reformas processuais iniciadas em 1994 e em continuidade com o escopo de garantir um processo civil mais célere, constitui notável avanço da legislação brasileira, importando em maior racionalização das atividades do Ministério Público no processo civil, além de desafogamento do Judiciário

Não se pode deixar de registrar que a faculdade das pessoas buscarem a dissolução de seus relacionamentos conjugais nos registros notariais sem maiores traumas e conflitos, vem ao encontro do princípio da dignidade da pessoa humana, expresso por meio da liberdade e maior autonomia das pessoas em manterem ou não o casamento.

3.5. Dissolução da união estável

A união estável teve seu pleno reconhecimento com a Constituição Federal de 1988, sendo declarada entidade familiar, em igual

---

[181] Art. 733. O divórcio consensual, a separação consensual e a extinção consensual de união estável, não havendo nascituro ou filhos incapazes e observados os requisitos legais, poderão ser realizados por escritura pública, da qual constarão as disposições de que trata o art. 731.

[182] FARIAS, Cristiano Chaves de. O Novo Procedimento para a Separação e o Divórcio Consensuais e a Sistemática da Lei n. 11.441/2007: O Bem Vencendo o Mal. *Revista Brasileira de Direito de Família*, Porto Alegre, ano III, n. 40, p. 49, fev./mar., 2007.

importância ao casamento civil e à família monoparental, mas antes, percorreu um longo caminho legislativo e social, como nos ensina José Carlos Teixeira Giorgis[183] ao afirmar que as Ordenações Filipinas traçavam diferenças entre a mancebia (concubinato) e o tráfego carnal, desde que a primeira se desse em mesa e leito comuns. Segue afirmando que as prescrições contidas nas Ordenações Filipinas foram revigoradas pela Lei de 20 de outubro de 1823, editada após a Independência do Brasil, daí surgindo diversas regras que cuidavam dos filhos oriundos de casamento religioso; as Súmulas 380 e 382 do Supremo Tribunal Federal; a Lei n° 6.015/73, possibilitando a adoção do patronímico do companheiro; a Lei n° 6.515/77, com a adoção do regime da comunhão parcial de bens para quem vivesse em comunhão de vida; a Lei n° 7.210/84, possibilitando o direito de visitas aos presos por suas companheiras; a Lei n° 6.880/80, reconhecendo a companheira como dependente de militar; o Decreto-Lei n° 75.647/75, possibilitando a dependência da companheira de funcionário federal; o Decreto n° 73.617/74, reconhecendo a companheira como dependente do trabalhador; o Decreto n° 89.312/84, reconhecendo a companheira como dependente do segurado urbano e, após o artigo 226, § 3°, da Constituição Federal; as Leis n° 8.069/94, possibilitando a adoção do filho de um dos companheiros pelo outro; a Lei n° 8.245/91, possibilitando o direito da companheira ou companheiro de permanecer no imóvel locado após o rompimento da união estável; a Lei n° 8.213/91, admitindo o companheiro ou companheira como dependente do segurado, o Decreto n° 1.041/94, possibilitando inclusão da companheira ou companheiro como para fins de imposto de renda, além da equiparação da companheira à esposa em diversos textos; Lei n° 8.625/93, Leis Complementares n°s 75/93 e 80/94, Leis n°s 8.112/90, 8.868/94, 8.971/94 e 9.278/96 e finalmente, a inclusão do instituto da União Estável no Código Civil de 2002, a partir dos artigos 1.723 ao 1.727.

Tanto a Constituição Federal de 1988, como o Código Civil de 2002 não estabelecem um prazo mínimo para a configuração da união estável e o Tribunal do Rio Grande do Sul para seu reconhecimento, tem se baseado na comprovação dos requisitos legais de publicidade, continuidade, durabilidade e objetivo de constituição de família.

---

[183] GIORGIS, José Carlos Teixeira. *A Paternidade Fragmentada*. Porto Alegre: Livraria do Advogado, 2007, p. 40.

Em relação à dissolução da União Estável, não há no Código Civil de 2002 artigo explícito, a não ser em caso de morte de um dos companheiros, mas o Código de Processo Civil de 2015, em seu artigo 732,[184] prevê a dissolução da união estável de forma consensual

Se litigiosa, deverá ser proposta por um dos companheiros e tem previsão legal a partir do artigo 693[185] do Código de Processo Civil de 2015, com deliberação relativa à guarda, convivência, alimentos, partilha de bens e prova de sua existência.

3.6. Efeitos patrimoniais da separação de fato

A separação de fato não altera o estado civil dos cônjuges e não termina nem com o vínculo conjugal. É um fato da vida daquelas pessoas que não desejam alterar seu estado civil ou não possuem condições financeiras para suportar os custos de um processo judicial e a partilha do patrimônio amealhada durante o casamento, optando por permanecerem no estado de casadas, mas com vidas e casas separadas.

A separação de fato não se confunde com a separação de corpos, pois na separação de corpos há uma decisão judicial retirando um dos cônjuges do lar conjugal ou autorizando a saída de um deles do domicílio da família.

O Código Civil brasileiro faz referência a este fato social que ganha relevância jurídica em razão do número cada vez maior de casais que optam por esse modelo informal de separação e, reconhece, por exemplo, a união estável de pessoas casadas, mas separadas de fato,[186] atribuindo-lhe todos os efeitos de uma entidade familiar.

---

[184] Art. As disposições relativas ao processo de homologação judicial de divórcio ou de separação consensuais, aplicam-se, no que couber, ao processo de homologação da extinção consensual de união estável.

[185] As normas deste Capítulo aplicam-se aos processos contenciosos de divórcio, separação, reconhecimento e extinção de união estável, guarda, visitação e filiação.

[186] Art. 1.723. É reconhecida como entidade familiar a união estável entre o homem e a mulher, configurada na convivência pública, contínua e duradoura e estabelecida com o objetivo de constituição de família. § 1º A união estável não se constituirá se ocorrerem os impedimentos do art. 1.521, não se aplicando a

No Direito Sucessório, há referência acerca da separação de fato, trazendo como consequência a falta de reconhecimento ao direito à herança do cônjuge falecido e de quem estava separado de fato há mais de dois anos.[187] No Direito de Família, traz reflexos no direito aos alimentos e ao regime de bens.

Em relação aos alimentos, na lição de Sérgio Gilberto Porto[188] a separação fática de um casal não retrata uma situação ajurídica, é um fato que adquire relevância no mundo jurídico, pois importa na violação do dever de coabitação exigido no matrimônio.

O dever de prestar alimentos decorre de preceito legal insculpido no Código Civil brasileiro, no artigo 1.694,[189] e para Sérgio Gilberto Porto[190] a relação jurídica matrimonial continua presente na separação fática, sendo viável a postulação de alimentos, com base nos critérios de necessidade e de possibilidade, uma vez que a separação de fato em nada afeta o direito de alimentos entre os cônjuges.

Antes da aprovação da Emenda Constitucional do Divórcio, a separação judicial dava fim ao regime de bens,[191] entretanto, é comum os cônjuges se afastarem do lar conjugal, rompendo a vida em comum, mantendo-se legalmente casados, pondo-se em confronto, de um lado, a regra legal de que o regime de bens somente terminava com a separação judicial e de outro o princípio jurídico do não enriquecimento sem causa.[192]

---

incidência do inciso VI no caso de a pessoa casada se achar separada de fato ou judicialmente.

[187] Art. 1.830. Somente é reconhecido direito sucessório ao cônjuge sobrevivente se, ao tempo da morte do outro, não estavam separados judicialmente, sem separados de fato há mais de dois anos, salvo prova, neste caso, de que essa convivência se tornara impossível sem culpa do sobrevivente.

[188] PORTO, Sérgio Gilberto. *Doutrina e Prática dos Alimentos*. 3. ed. São Paulo: Revista dos Tribunais, 2003, p. 115.

[189] Art. 1.694. Podem os parentes, os cônjuges ou companheiros pedir uns aos outros os alimentos de que necessitem para viver de modo compatível com sua condição social, inclusive para atender às necessidades de sua educação.

[190] PORTO, Sérgio Gilberto, op. cit., p. 115-116.

[191] Art. 1.576. A separação judicial põe termo aos deveres de coabitação e fidelidade recíproca e ao regime de bens.

[192] OLIVEIRA, Euclides Benedito de. Separação de Fato – Comunhão de Bens – Cessação. *Revista Brasileira de Direito de Família,* Porto Alegre, v. 1. n. 1, p. 144, abr./jun., 1999.

O regime de bens passa a vigorar a partir da data do casamento,[193] e a legislação infraconstitucional dispõe acerca do estatuto patrimonial do casamento, oferecendo aos nubentes a opção por um dos quatro regimes de bens elencados no Código Civil brasileiro, observada a obrigatoriedade do regime para determinadas pessoas.[194]

A escolha por um dos regimes de bens deve ser feita antes do casamento e se, diferente do regime legal oferecido pelo legislador, deve ser realizada por meio de escritura pública de pacto antenupcial.

O regime de bens regula a disposição dos bens durante o casamento entre os cônjuges e destes com terceiros.

O Código Civil de 2002 possibilitou a alteração do regime de bens durante o casamento, revogando o princípio da imutabilidade do regime de bens que vigorava em nosso ordenamento jurídico desde o Código Civil de 1916. O Código de Processo Civil Brasileiro de 215, em seu artigo 734 estabelece os pressupostos legais para seu requerimento.

A possibilidade de alteração do regime de bens no Código Civil brasileiro veio ao encontro do respeito à autonomia privada e à mudança de paradigma, qual seja, a vida está em plena e constante mutação, logo o Direito deve ser sensível a estas alterações, permitindo e facilitando o reconhecimento da possibilidade jurídica dos cônjuges mudarem o regime de bens durante o casamento.[195]

O regime de bens pressupõe efetiva convivência do marido e da mulher, fazendo presumir a colaboração mútua para a aquisição dos bens e diante da separação de fato, cada um passando a agir isoladamente na prática do esforço para aumentar o patrimônio, não faz sentido, a não ser por puro rigor formal, obrigar a partilha

---

[193] Art. 1.639. É lícito aos nubentes, antes de celebrado o casamento, estipular, quanto aos seus bens, o que lhes aprouver. § 1º O regime de bens entre os cônjuges começa a vigorar deste a data do casamento.

[194] Art. 1.641. É obrigatório o regime de separação de bens no casamento: I – das pessoas que o contraírem com inobservância das causas suspensivas da celebração do casamento; II – da pessoa maior de sessenta anos; III – de todos que dependerem, para casar, de suprimento judicial.

[195] THOMÉ, Liane Maria Busnello. Os Pactos Pós-nupciais incidentais e os registros públicos. In: MADALENO, Rofl. (coord.). *Ações de Direito de Família*. Porto Alegre: Livraria do Advogado, 2006, p. 114-115.

dos bens adquiridos durante a separação de fato, especialmente quando já tiverem constituído novas uniões afetivas.[196]

Em que pese o legislador infraconstitucional não ter previsto o final do regime de bens na separação de fato, os Tribunais já têm decidido pelo fim do regime de bens no caso de separação de fato, com base no fim do afeto e da vida em comum do casal.[197]

O Desembargado-Relator, em seu voto, afirma que, embora o rompimento da sociedade conjugal se dê por meio da separação ou do divórcio, é a separação de fato que realmente põe termo ao matrimônio e, terminada a convivência, o casamento deixa de gerar efeitos, porque simplesmente deixou de existir como tal, faltando apenas a chancela judicial, de modo que o fim da vida em comum leva à cessação do regime de bens, independente do regime adotado, já que não existe mais a *affectio maritalis*, que é o real motivo da partilha de bens.[198]

Antes da Emenda Constitucional do Divórcio, a regra vigente no Código Civil brasileiro era o término do regime de bens com a separação judicial do casal, entretanto, a separação de fato, não sendo eventual ou provisória, merece a atenção do julgador para que não se comuniquem os bens adquiridos durante essa separação fática.[199]

A vida em comum é fundamento do casamento, e essa comunhão de vida se estende à comunhão de esforços para a aquisição do patrimônio, que será regido pelo regime de bens livremente escolhido pelo casal.

O regime de bens vigora durante o casamento e é livremente escolhido pelos cônjuges, mas no momento da separação de fato, quando o afeto que unia o casal não existe mais e quando o esforço comum para aquisição de bens não mais se apresenta, injustificável perpetuar a regra da comunicabilidade dos bens diante do

---

[196] OLIVEIRA, Euclides Benedito de, op. cit., p. 150.
[197] APELAÇÃO CIVIL. SEPARAÇÃO DE FATO. PARTILHA DE BENS. A separação de fato põe fim ao regime de bens, não se comunicando aqueles adquiridos após o fim da vida em comum. Precedentes Jurisprudenciais. RECURSO IMPROVIDO. (Apelação Cível nº 70019482520. Relator Des. Claudir Fidélis Faccenda. Julg. 21.06.2007).
[198] Ibidem.
[199] OLIVEIRA, Euclides Benedito de, op. cit., p. 152.

casamento formal, sob pena de enriquecimento sem causa do cônjuge que não colaborou para a aquisição daquele patrimônio, pois a vida em comum pressupõe a colaboração de ambos para aquisição do patrimônio.

3.7. Papel da culpa no ordenamento jurídico brasileiro

O Código Civil de 2002, na contramão das decisões do Tribunal de Justiça do Rio Grande do Sul e doutrina dominante, manteve o princípio da culpa nos alimentos na dissolução da sociedade conjugal, despertando um já adormecido fundamento previsto na legislação divorcista e causador de enormes sofrimentos para toda a família envolvida em uma separação judicial, quando imputava a culpa para um dos cônjuges.

O sistema da culpa é modelo tradicional ainda vigente na grande maioria dos países, como no artigo 1.779 do Código Civil português; artigo 151 do Código Civil italiano; artigo 229 do Código Civil francês; artigo 82 do Código Civil espanhol; artigo 202 do Código Civil argentino; artigo 267 do Código Civil mexicano e, por exceção, apenas o Código Civil alemão, na reforma de 1976, abandonou a culpa, preconizando o § 1.564 que o casamento somente pode ser dissolvido por sentença judicial, mediante requerimento de um dos cônjuges ou ambos, e o § 1.565, que o casamento pode ser dissolvido se o mesmo fracassou, sendo considerado fracasso se a vida em comum deixou de existir e se não é possível esperar que os cônjuges a restabeleçam, bem como se os cônjuges vivem separados há menos de um ano, e a sua continuação possa representar uma penúria excessiva para o requerente, por motivos atribuíveis à pessoa do outro cônjuge.[200]

O § 1º do artigo 82 do Código Civil espanhol prevê as causas para separação judicial litigiosa,[201] e o artigo 202 do Código Civil da Argentina também.[202]

---

[200] NETO, Inácio de Carvalho. A Culpa na Separação Judicial. *Revista Brasileira de Direito de Família*, n. 30, p. 56, jun-jul, 2005. Porto Alegre: SINTESE/IBDFAM, 2006.

[201] Artículo 82 – Son causas de separación: 1ª El abandono injustificado del hogar, la infidelidad conyugal, la conducta injuriosa o vejatoria y cualquier otra violación grave o reiterada de los deberes conyugales. BERDEJO, José Luis Lacruz. *Ma-*

No Direito de Família, a culpa se expressa na tradição ocidental tanto no momento patológico do casamento, quando alguém é responsabilizado por não desejar mais viver com seu cônjuge, quanto no quadro de estabilidade da vida a dois, culpando-se os cônjuges frequentemente pelo papel que desempenham dentro da família, associando o esforço individual por objetivos comuns à ideia de sofrimento, ou seja, do sacrifício que alguém faz pela família é a medida do amor conjugal.[203]

Na lição de Gustavo Tepedino,[204] tudo aquilo que pudesse representar uma ameaça ao casamento suscitava a hostilidade do legislador, e a unidade formal do casamento significava um valor superior ao interesse individual da mulher ou do marido que pretendessem se separar.

Para o Desembargador Luiz Felipe Brasil Santos,[205] o legislador infraconstitucional desperdiçou excelente oportunidade de extinguir o instituto da separação judicial, porque se trata de uma "meia solução" para o matrimônio falido, não pondo fim ao casamento e por consequência, inviabilizando novo casamento enquanto não decretado o divórcio. Segue afirmando que a sociedade brasileira já amadureceu o suficiente para perceber que o divórcio não significou o fim da família, mas a solução para as uniões em que pereceu o afeto. Para o Desembargador, além de manter a figura da separação judicial, o Código Civil de 2002 preservou o princípio da

---

trimonio y Divorcio: Comentários Al Titulo Iv Del Libro Primero Del Codigo Civil. Madri: Editorial Civitas. 1984, p. 841.

[202] En el artículo 202 del Código Civil está previsto que se puede solicitar la separación invocando la culpabilidad del outro en el caso de que esse cónyuge hubiere incurrido en conductas tales como adulterio, tentativa de uno de los cónyuges contra la vida del outro o de los hijos, instigación de uno de los cónyuges al outro a cometer delitos, injurias graves, y abandono voluntário y malicioso del hogar. CÁRDENAS, Eduardo José. *La Mediación en conflitos familiares*. Buenos Aires: Editora Lumen/HVManitas. 1999, p. 30.

[203] TEPEDINO, Gustavo. O Papel da culpa na separação e no divórcio. In: PEREIRA, Rodrigo da Cunha. (coord.). *Repensando o Direito de Família*. I Congresso Direito de Família. Repensando o Direito de Família, 1999, Belo Horizonte. *Anais*. Belo Horizonte: Del Rey, 1999, p. 193.

[204] Idem, p. 202.

[205] SANTOS, Luiz Felipe Brasil. A separação judicial e o divórcio no novo Código Civil. In: SARLET, Ingo Wolfang. (org.). *O Novo Código Civil e a Constituição*. 2. ed. Porto Alegre: Livraria do Advogado, 2006, p. 278.

culpa como um de seus fundamentos, quando, a exemplo do que ocorre com o divórcio, poderia ter-se limitado a amparar o pleito apenas da ruptura da convivência, desconhecendo a orientação doutrinária e jurisprudencial de afastamento da culpa.

A culpa pela dissolução da sociedade conjugal é prevista no *caput* do artigo 1.572 do Código Civil de 2002, nos moldes da Lei de Divórcio, possibilitando aos cônjuges ingressar com a ação de separação judicial com a imputação de qualquer ato que importasse grave violação dos deveres do casamento e tornasse insuportável a vida em comum.

O Código Civil de 2002, surpreendentemente, especifica os motivos que caracterizam a impossibilidade da comunhão de vida, afirmando que o adultério, a tentativa de morte, sevícia ou injúria grave, o abandono voluntário do lar conjugal, durante um ano contínuo, condenação por crime infamante e conduta desonrosa, ensejavam a separação judicial litigiosa, podendo o magistrado considerar outros fatos para tornar evidente a impossibilidade da vida em comum dos cônjuges.[206]

A questão da culpa mantida no Código Civil em vigor assume relevância na ruptura da vida em comum do casal, tento em vista que o dever de mútua assistência, imposto aos cônjuges quando da celebração do casamento, ganha hoje novos contornos.

O artigo 1.694 do diploma civil brasileiro avançou em relação à disciplina dos alimentos, fazendo uma distinção entre os alimentos civis e naturais. Os alimentos civis são aqueles necessários para a manutenção do padrão e qualidade de vida, e os naturais correspondem à alimentação, saúde, vestuário e habitação.

Os alimentos naturais estão ligados à questão da culpa e têm previsão no § 2º do artigo 1.694, que afirma serem devidos apenas os indispensáveis à subsistência do alimentando, quando a situação de necessidade resultar de culpa de quem os pleiteia,[207] trazendo a discussão da culpa aos alimentos entre parentes.

---

[206] Art. 1.573 do Código Civil brasileiro.

[207] Art. 1.694. [...] § 2º. Os alimentos serão apenas os indispensáveis à subsistência, quando a situação de necessidade resultar de culpa de quem os pleiteia.

O parágrafo único do artigo 1.704 do Código Civil declara que, se o cônjuge culpado necessitar dos alimentos, estes serão fixados em valor indispensável à sua sobrevivência,[208] apresentando a discussão da culpa no valor a ser deferido para a subsistência do consorte.

A culpa não termina com o dever de sustento tanto do parente como do cônjuge necessitado, apenas limita sua abrangência para os alimentos naturais ou necessários e ainda impõe para o cônjuge culpado buscar os alimentos desde que não possa trabalhar e que não tenha parentes em condições de prestá-los.

A modificação introduzida no sistema jurídico traz grandes discussões práticas, pois o requisito da falta de parentes em condições de prestar os alimentos poderá inviabilizar a obtenção desses alimentos, uma vez que o cônjuge, sem condições de trabalhar e que tenha parentes obrigados a prestar alimentos necessitará, em primeiro lugar, acioná-los, para posteriormente, e na falta dos parentes, acionar o cônjuge.

Essa sanção admite exceções quando causar evidente prejuízo para a identificação do cônjuge que utiliza o sobrenome do outro, quando ocorrer manifesta distinção entre o nome de família do cônjuge e dos filhos havidos do casamento dissolvido e quando ocorrer dano grave reconhecido em decisão judicial.[209]

Com o término dos projetos em comum, dos sonhos e interesses que antes uniam o casal, surge o rompimento da sociedade conjugal como consequência natural da extinção do amor de um ou de ambos os cônjuges, sem a ocorrência de culpa por qualquer uma das pessoas envolvidas no relacionamento.

---

[208] Art. 1.704. [...] parágrafo único. Se o Cônjuge declarado culpado vier a necessitar de alimentos, e não tiver parentes em condições de prestá-los, nem aptidão para o trabalho, o outro cônjuge será obrigado a assegura-los, fixando o juiz o valor indispensável à sobrevivência.

[209] Art. 1.578. O Cônjuge declarado culpado na ação de separação judicial perde o direito de usar o sobrenome do outro, desde que expressamente requerido pelo cônjuge inocente e se a alteração não acarretar: I – evidente prejuízo para sua identificação; II – manifesta distinção entre o seu nome de família e o dos filhos havidos da união dissolvida; III – dano grave reconhecido na decisão judicial. § 1º O cônjuge inocente na ação de separação judicial poderá renunciar, a qualquer momento, ao direito de usar o sobrenome do outro. § 2º Nos demais casos caberá a opção pela conservação do nome de casado.

É descabida qualquer pesquisa sobre culpa, uma vez que a ruptura conjugal deriva apenas da vontade de exercitar o direito de dissolução.[210]

Para Luiz Edson Fachin,[211] uma história construída a quatro mãos tende ao sentido de permanência, todavia, a liberdade de casar convive com o espelho invertido da mesma liberdade: a de não permanecer casado.

O que se convencionou chamar de culpa, no sentido de causa da separação, não passa na realidade de consequência do único motivo que gera a dissolução de uma relação afetiva: o fim do amor, da vontade de compartilhar projetos comuns.[212]

Não se pode aceitar que em pleno século XXI o Direito de Família se feche para a realidade que a vida moderna apresenta e consagre regras que não se compatibilizam com a necessidade de garantir a todos os brasileiros o efetivo exercício da cidadania, não sendo exagero nenhum afirmar que aceitar a discussão de culpa constitui, sim, obstáculo ao seu exercício, eis que onde não há dignidade não há cidadania.[213]

Para Cristiano Chaves de Farias,[214] nada é mais importante do que a proteção da dignidade do ser humano e a preservação de sua felicidade, daí que, atentando contra a dignidade humana a discussão da culpa.

Perdeu o Código Civil de 2002 a oportunidade de abolir a culpa nas situações de dissolução da sociedade conjugal, bem como nos alimentos entre parentes, pois o desamor não tem culpados, faz parte da vida humana o acolhimento, como também, a rejeição e os alimentos entre parentes e cônjuges devem levar em consideração o trinômio alimentar da necessidade, possibilidade e proporcionalidade.

Quanto mais rapidamente os pares em processos de rupturas familiares perceberem que o conflito se prolonga com a busca dos

---

[210] FARIAS, Cristiano Chaves de. Redesenhando os contornos da dissolução do casamento. In: PEREIRA, Rodrigo da Cunha. (coord.).IV Congresso Brasileiro de Direito de Família, 2004,Belo Horizonte. *Anais.* Belo Horizonte: Del Rey, 2004, p. 116.

[211] FACHIN, Luiz Edson. *Elementos Críticos do Direito de Família*, op. cit., p. 169.

[212] FARIAS, Cristiano Chaves de, op. cit., p. 118.

[213] Idem, p. 121.

[214] Idem, p. 123.

culpados, e que a ruptura da vida em comum é uma situação dolorosa, mas inerente à condição humana, melhor os laços parentais podem ser restabelecidos na formação das novas famílias reconstituídas após o rompimento conjugal.

O afastamento da culpa nas rupturas conjugais e nos alimentos entre parentes pode oferecer maior autonomia às pessoas, e cada um dos integrantes desta família desfeita pode-se dedicar a analisar a sua responsabilidade no rompimento da união, deixando de lado a investigação da culpa, pois não existem culpados, apenas pessoas que sofrem e que devem se responsabilizar por seus atos diante da transformação da família agora recomposta. Os alimentos entre parentes devem ser oferecidos sem levar em consideração qualquer aspecto referente à culpa. Isso garante o reconhecimento da dignidade de cada membro da família e sua proteção.

A perda do nome como efeito da culpa, prevista no sistema da lei divorcista, no Código Civil de 2002, é tratada de forma diversa. A regra geral do Código Civil é pela manutenção do nome de casado, mas a culpa pode ensejar a retirada do nome.

A mediação tem-se mostrado um caminho a ser percorrido por aquelas pessoas que desejam, de fato, modificar seu olhar sobre a vida, a família e o afeto.

4. Mediação como instrumento de promoção do princípio constitucional da dignidade da pessoa humana

4.1. Mediação no Código de Processo Civil de 2015

O conflito convive com os relacionamentos humanos, tanto em sociedade como no ambiente familiar privado. O ser humano é complexo, e os conflitos fazem parte de sua natureza. Tanto podem ser relativos à identidade, quanto de poder, de culpas, de medos e de frustrações.

Em regra, as pessoas envolvidas num conflito procuram negá-lo, ou o temem, e o reconhecem como negativo, pois o conflito carrega consigo sentimentos e situações desagradáveis, como competição, discordância e desarmonia.

Em muitas oportunidades, o conflito é evitado por falta de habilidade de lidar com ele, uma vez que o impasse sugere a impossibilidade de uma solução adequada, pelo menos para uma das pessoas envolvidas na disputa, que provavelmente não ficará satisfeita com a solução, se lhe for imposta.

O conflito pode ser reconhecido como uma situação positiva, trazendo um redimensionamento das questões e, em consequência, uma mudança satisfatória no relacionamento e no comportamento das pessoas envolvidas.

Não há como negar a existência de sentimentos contraditórios nos conflitos, como amor e ódio, desejo e frustração, poder e submissão, mas não pode ser esquecida a autonomia de vontade presente nas escolhas do ser humano, da liberdade inerente a cada um de dirigir sua vida de forma consciente e responsável, enquanto plenamente capazes de determinar seus atos e escolhas.

A forma de enfrentar os conflitos pode determinar a diferença nas soluções dos impasses surgidos das relações entre as pessoas no meio familiar, profissional e social.

A intervenção de uma terceira pessoa na solução dos conflitos é, na maioria das vezes, desejada para evitar o confronto direto e todos os sentimentos angustiantes que envolvem aqueles que buscam a solução para o impasse.

O Poder Judiciário, usando de suas faculdades legais, tem por objetivo dar fim ao conflito, decidindo os assuntos postos pelas partes, sob o enfoque jurídico da procedência ou da improcedência da ação, ou seja, do ganhador e do perdedor na demanda.

Nessa solução tradicional, o Judiciário não escuta os anseios, desejos, aflições, angústias e expectativas das partes, apenas decide o processo, pondo fim à lide.

Nesta forma tradicional de solução de conflito no Judiciário não há espaço para oferecer atenção às carências emocionais das partes envolvidas em conflitos, principalmente familiares, como frustrações, abandonos, honra e respeito, que são aspectos subjetivos das pessoas, mas que quando em conflitos, acarretam disputa judicial, compensação financeira, como se constata nos longos processos litigiosos de separação, dissolução de união estável e divórcio, com discussões acerca da guarda, convivência e alimentos para os cônjuges, para os filhos menores de idade ou incapazes e na partilha de bens.

Resta um hiato entre o desejo de cada parte de ser ouvida e compreendida no seu conflito quando ingressa no Judiciário e a solução imposta no julgamento.

Embora o judiciário não trate das emoções nos conflitos familiares estas se exteriorizam na conduta das pessoas envolvidas nos processos de ruptura dos vínculos familiares e a sentença nunca alcança essas emoções.

A mediação passou para o cenário jurídico a partir da Resolução n. 125/2010, do Conselho Nacional de Justiça, que trouxe, entre outros métodos de soluções consensuais às demandas judiciais, a interferência de um mediador para gerenciar o conflito e oferecer um espaço de escuta aos envolvidos.

No ano de 2015, foi editado o Código de Processo Civil que apresentou novos paradigmas para a solução dos conflitos, com ênfase no diálogo, no protagonismo das partes, recepcionando a conciliação, a mediação e outros métodos de solução de conflitos.[215]

O Código de Processo Civil de 2015 destaca um capítulo próprio para evidenciar as normas fundamentais do processo, a partir dos artigos 2° a 12, que formam as linhas do processo civil contemporâneo e servem como parâmetro imperativo para os dispositivos do Código de Ritos.[216]

Não foi casual a inclusão no artigo 3° dos métodos autocompositivos para a solução dos conflitos. A partir da vigência do Código de Processo Civil de 2015, é norma fundamental do processo e implícita que todos os esforços devem ser empregados para que os conflitos sejam resolvidos de forma consensual, e essa deve ser a interpretação para todos os procedimentos judiciais. Não se trata de uma simples escolha, mas de uma determinação legislativa e procedimental.

O artigo 3° do Código de Processo Civil traz no § 3° expressamente o instituto da mediação como uma das formas de solução de conflitos, além de estabelecer uma seção própria para os conciliadores e mediadores judiciais (artigos 165 a 175) que hoje são auxiliares da justiça.[217]

O ano de 2015 foi o marco legal da mediação. Com a promulgação do Código de Processo Civil e da Lei de Mediação n. 13.140 que regulamenta a mediação judicial entre particulares e no âmbito da Administração Pública. A partir da edição dessas impor-

---

[215] Art. 3° Não se excluirá da apreciação jurisdicional ameaça ou lesão a direito. § 1° É permitida a arbitragem, na forma da lei. § 2° O Estado promoverá, sempre que possível, a solução consensual dos conflitos. § 3° A conciliação, a mediação e outros métodos de solução consensual de conflitos deverão ser estimulados por juízes, advogados, defensores públicos e membros do Ministério Público, inclusive no curso do processo judicial.

[216] MOUZALAS, Rinaldo; TERCEIRO NETO, João Otávio; MADRUGA, Eduardo. *Processo Civil*. volume único. 8. ed. Salvador: JusPodivm, 2016, p. 42.

[217] Art. 149. São auxiliares da Justiça, além de outros cujas atribuições sejam determinadas pelas normas de organização judiciária, o escrivão, o chefe de secretaria, o oficial de justiça, o perito, o depositário, o administrador, o intérprete, o tradutor, o mediador, o conciliador judicial, o partidor, o distribuidor, o contabilista e o regulador de avarias.

tantes Leis, é oferecida uma nova forma de solução dos conflitos à sociedade brasileira.

4.1.1. Descumprimento de acordos ou sentenças

As soluções impostas, quando não adequadas à realidade e desejo das partes, tendem a não serem cumpridas, especialmente no núcleo familiar, onde existem regras próprias de comportamento assimiladas e seguidas pelos membros da família que, mesmo frente a uma decisão judicial, deixam de cumprir o estabelecido na sentença.

Exemplo disso são os vários processos judiciais, nos quais um dos genitores não cumpre com cláusulas do acordo estabelecido na separação, dissolução da união estável e divórcio, acarretando o ingresso de novas demandas para exigir, revisar ou extinguir os alimentos ajustados, discutir visitas e convivência com os filhos menores de idade ou incapazes.

A solução do conflito pode ser fruto da vontade dos interessados, principalmente nas desavenças familiares, como expressão da autonomia de vontade das partes de resolver de forma não adversarial a ruptura do vínculo afetivo e oferecer aos filhos um convívio futuro mais harmonioso.

Além da judicial, existem outras formas de solução de conflitos, com a intervenção, ou não, de um terceiro e com maior ou menor autonomia de vontade das pessoas no processo decisório.

A intervenção de um terceiro para solucionar o conflito apresenta algumas vantagens,[218] quais sejam: as partes, quando descrevem o conflito a uma terceira pessoa, ganham tempo para se acalmar, já que interrompem o conflito para descrevê-lo; a comunicação entre as partes pode melhorar, já que a terceira pessoa auxilia as pessoas envolvidas a terem mais clareza e a ouvir melhor a outra parte; as partes definem as questões que realmente são importantes, pois o terceiro envolvido sugere a priorização de alguns aspectos conflitantes; os custos crescentes de permanecer no conflito podem ser controlados e até reduzidos.

---

[218] MARTINELLI, Dante P.; ALMEIDA, Ana Paula de. *Negociação e Solução de Conflito*. Do Impasse ao ganha-ganha através do melhor estilo. São Paulo: Atlas, 1998, p. 71

O verbo latino *mediare,* que deu origem ao termo *mediação,* significa mediar, dividir ao meio, intervir ou colocar-se no meio.[219] Talvez por essa razão seja muito comum o uso da palavra *mediação* para designar um coordenador de mesa de trabalhos científicos em congressos, seminários ou intermediando um debate político, confundindo o sentido da mediação empregada como instrumento para a solução de conflitos.

É comum, também, a confusão acerca da prática da mediação, com a prática da negociação, da conciliação e da arbitragem.

A negociação busca a solução de um conflito por meio da comunicação direta e aberta entre os envolvidos no impasse, sendo um elemento importante e muito utilizado nos relacionamentos humanos.

As pessoas em seu cotidiano estão sempre negociando, tanto com parceiros amorosos, filhos, patrões, empregados, fornecedores de bens e serviços, com o Estado e com elas próprias.

É um recurso de comunicação bilateral, com a finalidade de se chegar a uma decisão conjunta e favorável dos envolvidos no conflito, sem a intervenção de um terceiro, com o controle direto das partes sobre o processo e o resultado.

Para se negociar em situações de conflitos existem alguns passos positivos a serem seguidos,[220] como por exemplo, buscar um enfoque de solução do problema; saber ouvir, pois saber ouvir aquilo que o outro tem a dizer pode ser difícil, uma vez que as pessoas envolvidas no conflito tendem a ficar pensando naquilo que pretendem dizer; formular questões para conhecer um pouco mais sobre os pontos de vista ou propostas dos outros envolvidos; manter a mente sempre aberta a novas opções, tanto para si como para o outro envolvido; lembrar que os movimentos são a única maneira de se estabelecer progressos e para fazer com que o outro se mova em sua direção e, isolar o problema das pessoas envolvidas,

---

[219] SERPA, Maria de Nazareth. Mediação e as Novas Técnicas de Dirimir Conflitos. In: I Congresso Brasileiro de Direito de Família. Repensando o Direito de Família, Belo Horizonte, 1999. *Anais.* Belo Horizonte: Del Rey, 1999, p. 365. Para maior aprofundamento do tema, ver também SERPA, Maria de Nazareth. *Mediação de Família.* Belo Horizonte: Del Rey, 1999.

[220] MARTINELLI e ALMEIDA, op. cit., p, 70.

concentrando-se em negociar uma solução, esquecendo-se da personalidade da pessoa envolvida no conflito.

Nas negociações, às vezes é difícil vencer a intransigência dos envolvidos e encontrar um enfoque racional desprovido de emoção que, na maioria das vezes, cria obstáculos para a solução do conflito.

O Código de Processo Civil estimula técnicas de negociação para a solução das controvérsias.[221]

A conciliação é outra forma de solucionar o conflito e tem previsão em nosso ordenamento jurídico, no artigo 165, § 2º do Código de Processo Civil[222] e nos Juizados Especiais Cíveis, nos termos da Lei nº 9.099, de 26 de setembro de 1995.

O Código de Processo Civil, em seu artigo 165, §§ 2º e 3º, procura fazer uma distinção entre conciliação e mediação, esclarecendo que a conciliação será utilizada preferencialmente nos casos onde não houver vínculo anterior entre as partes podendo o conciliador sugerir soluções para o litígio e que a mediação será utilizada preferencialmente nos casos em que houver vínculo anterior, e o mediador atuará de forma a facilitar a comunicação entre os mediados para que eles próprios, após compreender as questões e interesses no conflito possam buscar soluções mutuamente aceitáveis.

Nos processos que versam sobre Direito de Família, a Lei de Divórcio, no § 2º de seu artigo 3º,[223] dispõe que o julgador deverá promover todos os meios para que as partes se reconciliem ou transijam.

---

[221] Art. 166 [...] § 3º Admite-se a aplicação de técnicas negociais, com o objetivo de proporcionar ambiente favorável à autocomposição.

[222] Art. 165. Os tribunais criarão centros judiciários de solução consensual de conflitos, responsáveis pela realização de sessões e audiências de conciliação e mediação e pelo desenvolvimento de programas destinados a auxiliar, orientar e estimular a autocomposição. [...] § 2º O conciliador, que atuará preferencialmente nos casos em que não houver vínculo anterior entre as partes, poderá sugerir soluções para o litígio, sendo vedada a utilização de qualquer tipo de constrangimento ou intimidação para que as partes conciliem.

[223] Art. 3º A separação judicial põe termo aos deveres de coabitação, fidelidade recíproca e ao regime matrimonial de bens, como se o casamento fosse dissolvido. [...] § 2º O juiz deverá promover todos os meios para que as partes se reconciliem ou transijam, ouvindo pessoal e separadamente cada uma delas e, a seguir, reunindo-as em sua presença, se assim considerar necessário.

O Código de Processo Civil nos processos contenciosos de divórcio, separação, reconhecimento e extinção de união estável, guarda, visitação e filiação determina que todos os esforços serão empreendidos para a solução consensual da controvérsia, disponibilizando além da mediação, também a conciliação.[224]

Na conciliação existe a intervenção de um terceiro que auxilia as partes na busca de alternativas para a solução de conflitos. O conciliador aproxima as partes na busca do acordo mutuamente aceitável para ambos.

O não comparecimento injustificado das partes ou de uma delas a audiência de conciliação é considerado ato atentatório à dignidade da justiça e caberá multa de até dois por cento da vantagem pretendida ou do valor causa.[225]

A aplicação da multa tem caráter preventivo e educativo para que as partes e seus advogados passem a buscar formas autocompositivas de resolução de conflitos e não apenas as formas adversariais.

Igual penalidade não pode ser aplicada à mediação, já que o § 8º é expresso ao mencionar somente a audiência de conciliação. A analogia e a interpretação extensiva é para conceder direitos, e não para suprimir direitos. Se o legislador quisesse estender à mediação essa penalidade, deveria ter feito de forma expressa.

A conciliação significa uma discussão aberta e direta entre as partes, podendo acontecer antes de ser instaurado um processo litigioso, como alternativa de aproximação das partes, em razão de sua força e poder em estabelecer um relacionamento harmonioso entre os envolvidos no conflito, influindo no acordo,[226] ou após estabelecido o contencioso.

Outra forma de solução de conflitos é encontrada na arbitragem, prevista em nosso ordenamento jurídico por meio da

---

[224] Art. 694. Nas ações de família, todos os esforços serão empreendidos para a solução consensual da controvérsia, devendo o juiz dispor do auxílio de profissionais de outras áreas de conhecimento para a mediação e conciliação.

[225] Art. 334 § 8º O não comparecimento injustificado do autor ou do réu à audiência de conciliação é considerado ato atentatório à dignidade da justiça e será sancionado com multa de até dois por cento da vantagem econômica pretendida ou do valor da causa, revertida em favor da União ou do Estado.

[226] TORRES, Jasson Ayres. *O Acesso à Justiça e Soluções Alternativas*. Porto Alegre: Livraria do Advogado, 2005, p. 159.

Lei nº 9.307, de 23 de setembro de 1996, que sofreu alterações no ano de 2015, por meio da Lei nº 13.129.

A arbitragem é uma técnica para solução de controvérsias por uma terceira pessoa ou câmara de arbitragem que recebe o encargo de elaborar um laudo arbitral, por meio de uma convenção privada, decidindo com base nesta convenção.

As partes definem o objeto do litígio, apresentam seus argumentos e junto com o árbitro ou câmara arbitral estabelecem um conjunto de regras a respeito das questões envolvidas, e o árbitro ou árbitros da câmara arbitral resolvem a controvérsia por meio do laudo arbitral que tem força executiva.

Na lição de Jose Luis Bolzan de Morais,[227] a arbitragem tem como algumas características a ampla liberdade de contratação do árbitro; pode ser utilizada em qualquer controvérsia que envolva direitos patrimoniais disponíveis; permite ao árbitro disciplinar o procedimento caso não haja convenção das partes neste sentido, é sigilosa e possibilita maior celeridade na solução do conflito.

As partes envolvidas na arbitragem não detêm autonomia sobre o processo e sobre a decisão final, mas a redução dos custos com o prolongamento da disputa é uma das vantagens dessa forma de solução de conflitos.

A mediação vem se apresentando como uma escolha das pessoas de recorrerem a um terceiro imparcial, encontrando na figura do mediador um auxiliar na construção de um acordo elaborado pelas próprias partes com soluções adequadas e satisfatórias a ambas, estimulando o singular caminho de cada pessoa encontrar seu bem-estar naquela situação de conflito.

A opção do autor pela realização ou não da audiência de conciliação ou mediação é requisito da petição inicial, nos termos do artigo 319 do Código Civil, VII,[228] e do réu até dez dias de antecedência da data da audiência de mediação, nos termos do artigo 334, § 5º.[229]

---

[227] MORAIS, Jose Luis Bolzan de. *Mediação e Arbitragem*. Alternativas à Jurisdição! Porto Alegre: Livraria do advogado, 1999, p. 188.

[228] Art. 319. A petição inicial indicará: [...] VII – a opção do autor pela realização ou não de audiência de conciliação ou de mediação.

[229] Art. 334, § 5º O autor deverá indicar, na petição inicial, seu desinteresse na autocomposição, e o réu deverá fazê-lo, por petição, apresentada com 10 (dez) dias de antecedência, contados da data da audiência.

A mediação é um método de solução do conflito baseado em atitudes e procedimentos de natureza cooperativa, buscando a redução da litigiosidade das partes. É fundamentada na autonomia das pessoas, presumindo a disponibilidade dos participantes para reverem a posição adversarial em que se encontram e dispondo acerca de seu início, término, acordo ou não do conflito.

É considerada uma técnica mediante a qual as partes envolvidas buscam chegar a um acordo contando com a ajuda de um mediador, terceiro imparcial, que não tem poder na decisão escolhida pelas partes.[230]

A mediação se apresenta como um espaço de escuta para o exercício da autonomia individual, com participação direta dos envolvidos no processo de ruptura conjugal, com a realização de acordos e ajustes mais adequados às necessidades e aos desejos dos mediados.

A mediação tem previsão expressa no Código de Processo Civil no artigo 165, § 3º, e é utilizada, segundo o Código de Ritos, preferencialmente naqueles processos onde houver vínculo anterior entre as partes.[231]

A mediação procura diminuir a dor, a angústia e o sofrimento dos cônjuges e dos filhos, devolvendo aos participantes maior autonomia e responsabilidade na condução e organização na nova vida familiar, no crescimento individual e principalmente no interesse dos filhos.

As características da mediação são apresentadas por vários autores[232] que sustentam tratar-se de um processo voluntário, confidencial, flexível, participativo e econômico.

---

[230] COLAIÁCOVO, Juan Luis; COLAIÁCOVO, Cyntia Alexandra. *Negociação, Mediação e Arbitragem*. Rio de Janeiro: Forense, 1999, p. 66.

[231] Art. 165. [...] § 3º O mediador, que atuará preferencialmente nos casos em que houver vínculo anterior entre as partes, auxiliará aos interessados a compreender as questões e os interesses em conflito, de modo que eles possam, pelo restabelecimento da comunicação, identificar, por si próprios, soluções consensuais que gerem benefícios mútuos.

[232] MORAIS, Jose Luis Bolzan de, op. cit., p. 147-151. Neste sentido ver também FUGA, Marlova Stawinski. *Mediação Familiar*. Quando chega ao fim a conjugalidade. Passo Fundo: UPF, 2003, p. 97. COLAIÁCOVO, J. L.; COLAIÁCOVO, C. A., op. cit., p. 66.

A mediação é informada por diversos princípios que estão inseridos no artigo 166, *caput*,[233] do Código de Processo Civil e devem ser observados por todos os envolvidos na aplicação desta técnica.

O processo de mediação deve ser desenvolvido em um ambiente de confidencialidade das informações recebidas pelo mediador, garantindo que os fatos narrados não serão repassados a terceiros alheios ao encontro de mediação.[234]

A confiança e a lealdade na figura do mediador podem garantir o desenvolvimento do processo de mediação, pois os envolvidos poderão expor seus sentimentos e alternativas de forma mais tranquila e natural.

O Código de Processo Civil estabelece que pode haver mais de uma sessão de mediação[235] mas não determina nenhuma forma preestabelecida de como a mediação deva ocorrer. A informalidade e a flexibilidade na aplicação das técnicas de comunicação e negociação para cada caso é que norteiam o desenvolvimento dos encontros de mediação.

A mediação deve ser oferecida às partes que livremente decidem, ou não, pela participação nos encontros de mediação. A livre opção pode garantir uma futura vinculação das partes nos acordos elaborados. O artigo 166, § 4º, do Código de Processo Civil reconhece a autonomia dos mediados, inclusive quanto à definição das regras procedimentais das sessões de mediação.[236]

Existem diversos modelos de abordagem de mediação, que se constituem em um referencial importante na indicação de técnicas

---

[233] Art. 166. A conciliação e a mediação são informadas pelos princípios da independência, da imparcialidade, da autonomia da vontade, da confidencialidade, da oralidade, da informalidade e da decisão informada.

[234] Art. 166. § 1º A confidencialidade estende-se a todas as informações produzidas no curso do procedimento, cujo teor não poderá ser utilizado para fim diverso daquele previsto por expressa deliberação das partes. § 2º Em razão do dever de sigilo, inerente às suas funções, o conciliador e o mediador, assim como os membros de suas equipes, não poderão divulgar ou depor acerca de fatos ou elementos oriundos da conciliação ou da mediação.

[235] Art. 334. [...] § 2º Poderá haver mais de uma sessão destinada à conciliação e à mediação, não podendo exceder a 2 (dois) meses da data de realização da primeira sessão, desde que necessárias à composição das partes.

[236] Art. 166. [...] § 4º A mediação e a conciliação serão regidas conforme a livre autonomia dos interessados, inclusive no que diz respeito à definição das regras procedimentais.

e que podem ser utilizados individualmente ou agrupados, dependendo essa escolha, do caso concreto e da formação do mediador.

Segundo Daniel Bustello,[237] os diversos modelos de mediação podem ser agrupados em três formas básicas de intervenção, como a intervenção mínima, no qual o mediador é uma pessoa neutra, estimula o duplo fluxo de informações, estabelece e mantém contato entre as partes e dispõe de um espaço próprio para as partes se encontrarem; na intervenção dirigida, o mediador obtém e dá informações sobre as partes e seus conflitos, identificando e avaliando, com as partes, as opções existentes, tentando persuadi-las a chegar ao acordo que o próprio mediador considera mais conveniente para as particulares circunstâncias da situação mediada e, a intervenção terapêutica, onde o mediador observa e avalia a relação existente entre as partes, procedendo em uma intervenção que corrija as disfuncionalidades do relacionamento, procurando uma decisão conjunta a partir das mudanças obtidas, com a ajuda de técnicas terapêuticas.

Os modelos mais conhecidos são os de John Haynes, Sara Cobb, Joseph Folger e R. Baruch Bush, Daniel Bustello, Liliana Perrone e o tradicional de Harvard,[238] no entanto, não existe um modelo rígido a ser seguido no processo de mediação, isso seria contrário à mediação, tendo em vista sua proposta de solução de conflito flexível às necessidades das partes e não um conjunto de regras rígidas de funcionamento.

Quando as partes escolhem a mediação, têm participação ativa no desenvolvimento do processo e na solução do conflito, pois elas próprias apresentam alternativas, sendo conduzidas no processo pelo mediador, que facilita o restabelecimento do diálogo anteriormente rompido.

Na mediação, os conflitos tende a ser resolvidos em tempo reduzido, se comparados ao tempo de tramitação dos processos judiciais e de gastos financeiros, uma vez que os encontros de mediação e o acordo final podem durar apenas algumas semanas.

---

[237] FARINHA, António H. L.; LAVADINHO, Conceição. *Mediação Familiar e Responsabilidades Parentais*. Coimbra: Almedina, 1997, p. 23.

[238] As autoras apresentam um resumo das diversas escolas e formas de funcionamento da mediação para cada escola. BREITAMN, Stella; PORTO, Alice Costa. *Mediação Familiar*. Uma Intervenção em busca da Paz. Porto Alegre: Criação Humana, 2001, p. 129.

A prática da mediação aplicada nos processos judiciais ou em momentos anteriores ao ingresso da ação é um procedimento adotado em diversos países, sendo bastante conhecida e utilizada na Argentina e no Canadá, como refere Aguida Arruda Barbosa.[239]

4.1.2. Mediação em família

A mediação familiar pode oferecer ao casal ou à família em fase de ruptura conjugal, um ambiente propício à negociação, à escuta, a autodeterminação para a escolha das regras e condutas a serem seguidas após a concretização da separação ou divórcio, garantindo a continuação das relações parentais com a implementação de acordos de participação direta no exercício do poder familiar de ambos os ex-cônjuges, mas principalmente daquele que está fisicamente afastado do grupo familiar, alterando a forma de comunicação para reformar a capacidade de autogerenciamento e negociação do casal. Ela pode ser utilizada antes mesmo do ingresso da ação no Judiciário.

Na lição de Waldyr Grisard Filho,[240] a mediação extrajudicial de conflitos matrimoniais surgiu nos Estados Unidos da América, na segunda metade da década de 1970, evoluindo rapidamente para a regulação das questões de guarda, visitas, amparo aos filhos menores de idade e questões decorrentes da ruptura conjugal. Esse fenômeno atingiu o Canadá, onde existem serviços de mediação tanto de caráter privado como público, instituído pelo Governo de Quebec, no ano de 1997. Na Europa, a Grã-Bretanha foi pioneira na criação de centros de mediação familiar, em Bristol, em 1976, atingindo mais tarde o país. Na Europa continental, criaram-se serviços similares em França, Áustria, Alemanha, Bélgica, Finlândia, Itália, Polônia, Noruega e Suécia. Na Espanha, os primeiros serviços surgiram nas comunidades da Catalunha e País Basco, segui-

---

[239] BARBOSA, Aguida Arruda. A Política Pública da Mediação e a Experiência Brasileira. In: III Congresso de Direito de Família. Família e Cidadania. O Novo CCB e a *Vacatio Legis*, 2002. *Anais*. Belo Horizonte: Del Rey, 2002. p. 317.

[240] GRISARD FILHO, Waldyr. O Recurso da Mediação nos Conflitos de Família. *Revista Brasileira de Direito de Família*, Porto Alegre v. 4, n. 14, p. 13-14, jul./set., 2002. Ver também BARBOSA, Águida Arruda; ALMEIDA, Giselle Groeninga; NAZARETH, Eliana Riberti. Mediação: Além de um Método, uma Ferramenta para a Compreensão das Demandas Judiciais no Direito de Família. A Experiência Brasileira. *Revista Brasileira de Direito de Família*, Porto Alegre, v. 2, n. 7, out./dez., 2000.

dos pelo Município de Madrid. Em Portugal, a primeira estrutura apareceu em 1993, com o Instituto Português de Mediação Familiar. No ano de 1997, foi celebrado protocolo de colaboração entre o Ministério da Justiça e a Ordem dos Advogados, com o propósito de implantar um serviço de mediação familiar em matéria de regulação do exercício do poder paternal, limitado à Comarca de Lisboa. Na França, ganhou importância na década de 1980, mas foi institucionalizada em 1973, quando instituído o Mediador da República, para intervir nas questões de direito público e, em 1978 para tornar amigáveis os litígios entre particulares. A Lei 95.125, de 08.02.1995, introduz a mediação no Código de Processo Civil Francês, definindo-a como um recurso do qual o juiz pode lançar mão, com assentimento das partes, para obter uma solução para o conflito, e a Lei 98-1163, de dezembro de 1998, instituiu a possibilidade para a resolução de conflitos no foro penal francês.

Na Argentina, a Lei nº 24.573/95 exige que as partes participem da audiência de mediação, inclusive com a assistência de um advogado, com o objetivo de proteger por igual os interesses das partes, e o mediador é sorteado pelo Tribunal entre o rol dos advogados com capacitação em mediação registrados perante o Ministério da Justiça.[241]

A mediação familiar encontra-se recepcionada pelos princípios norteadores do Código Civil brasileiro, encontrando na eticidade um campo fértil para a aplicação de suas técnicas norteadas por condutas éticas, morais e em consonância com o ordenamento jurídico; na socialidade, buscando atender às necessidades de todos os envolvidos na ruptura da relação conjugal e, na operabilidade, traduzida no envolvimento direto dos mediados na prática da mediação e na concretização de soluções satisfatórias para todos.

Nas disputas familistas, a sessão de mediação (ou de conciliação) é designada após o recebimento da petição inicial[242] e é um procedimento obrigatório.

A ordem legislativa é que todos os esforços serão empreendidos para a solução consensual dos conflitos familiares, diferente-

---

[241] GRISARD FILHO, Waldyr. Op. cit., p. 17.

[242] Art. 695. Recebida a petição inicial e, se for o caso, tomadas as providências referentes à tutela provisória, o juiz ordenará a citação do réu para comparecer à audiência de mediação e conciliação, observado o disposto no art. 694.

mente do que ocorre nas demais questões cíveis, onde a audiência de mediação (ou de conciliação) serão designadas se todas as partes não manifestarem expressamente o desinteresse na composição consensual.[243]

A mediação familiar, em especial nas separações e nos divórcios, se apresenta como um processo de gestão de conflitos no qual os membros da família demandam ou aceitam a intervenção confidencial e imparcial do mediador familiar, cujo papel é levá-los a encontrar por si próprios as bases de um acordo durável e mutuamente aceito, levando em conta as necessidades de cada um e particularmente, numa conduta de corresponsabilidade acerca das necessidades dos filhos.[244]

É uma técnica complementar, subsidiária ao Poder Judiciário, devendo ser oferecida para todos os casais que desejam manter uma continuidade na relação filial, fortalecendo a família recomposta, sendo um instrumento de mudança que atua na forma de condução dos conflitos e na comunicação entre os membros do grupo familiar.

Embora o Código de Processo Civil traga a mediação como procedimento obrigatório nas questões que envolvem o direito de família, as pessoas envolvidas no conflito não estão obrigadas a participar do procedimento da mediação, mas sim de participar da audiência de mediação que será presidida por um mediador credenciado pelo Tribunal de Justiça de cada Estado brasileiro que explicará as técnicas da mediação e convidará os participantes a seguir com essa forma de gerenciamento do conflito, agora, com o auxílio de um mediador judicial.

O procedimento de mediação deve ser realizado nos Centros Judiciários de solução consensual de conflitos, centros estes

---

[243] Art. 334. Se a petição inicial preencher os requisitos essenciais e não for o caso de improcedência liminar do pedido, o juiz designará audiência de conciliação ou de mediação com antecedência mínima de 30 (trinta) dias, devendo ser citado o réu com pelo menos 20 (vinte) dias de antecedência. [...] § 4º A audiência não será realizada: I – se ambas as partes manifestarem, expressamente, desinteresse na composição consensual; II – quando não se admitir a autocomposição.

[244] BARBOSA, Águida Arruda. Prática da Mediação: ética profissional. In: V Congresso Brasileiro de Direito de Família: Família e Dignidade Humana, 2006, São Paulo. Anais. São Paulo: IOB Thomson, 2006, p. 59. Neste sentido ver também BARBOSA, Águida Arrruda. Estado da Arte da Mediação Familiar Interdisciplinar no Brasil. Revista Brasileira de Direito de Família. Ano VII, n. 40, Porto Alegre, fev./mar., 2007.

também responsáveis pelo desenvolvimento de programas destinados à autocomposição dos conflitos.[245]

A mediação estabelece caminhos entre o sistema familiar, o sistema jurídico e o meio social, sendo uma prática social muito útil no exercício da cidadania, com a compreensão, o respeito pelos direitos, deveres e desenvolvimento da autonomia de vontade de cada pessoa humana, não se limitando aos conflitos familiares, pois os padrões apreendidos com a mediação poderão ser utilizados em outros relacionamentos sociais. O próprio legislador processual sugere a utilização da mediação de forma preferencial aos conflitos com vínculo anterior, o que não inviabiliza que essa técnica seja utilizada também para outros conflitos além dos familiares.

É um procedimento de fortalecimento dos laços parentais, fraternais, devolvendo aos envolvidos no processo de mediação a capacidade de responsabilidade por seus atos, pois é na família que os modelos de relacionamento são apreendidos e utilizados nas relações sociais, e a mediação pode transmitir valores de respeito ao próximo, de solidariedade, de autodeterminação e estímulo ao exercício da cidadania.

É um método de transformação dos conflitos, pois o tratamento do conflito se dá por meio do diálogo, uma vez que, além das dificuldades centrais dos casais em processo de ruptura conjugal, como divisão do patrimônio, guarda, convivência, alimentos aos filhos ou ao outro cônjuge, existem as dificuldades periféricas que advêm de relacionamentos problemáticos entre pais e filhos, sendo cada vez maior o número de crianças filhas de pais separados ou divorciados e apenas uma minoria mantém um contato saudável, constante, estável e equilibrado emocionalmente com ambos os genitores.

No momento de ruptura conjugal, os filhos vão perdendo a qualidade do contato com os genitores que naquele momento de brigas e disputas esquecem que os filhos também sofrem com o fracasso do projeto familiar, com a falta da atenção e afeto antes

---

[245] Art. 165. Os tribunais criarão centros judiciários de solução consensual de conflitos, responsáveis pela realização de sessões e audiências de conciliação e mediação e pelo desenvolvimento de programas destinados a auxiliar, orientar e estimular a autocomposição. § 1º A composição e a organização dos centros serão definidas pelo respectivo tribunal, observadas as normas do Conselho Nacional de Justiça.

dispensada e também com a ausência do convívio diário com um dos genitores, em especial o pai, já que ainda é comum permanecerem sob a guarda da mãe.

Os filhos sentem os prejuízos com a separação dos pais e ainda mais quando são usados como instrumentos de agressão entre aqueles que um dia se uniram para construir uma família e para concebê-los.

A ruptura conjugal dos pais provoca crise nos filhos, e os acordos acerca da guarda, convivência, alimentos provocam ansiedade. Assim, quanto mais rápido se chegar a um acordo mutuamente aceitável para todos os membros da família, menores os sofrimentos para todos os envolvidos no conflito.

A intervenção do mediador familiar pode facilitar os aspectos da vida dos filhos, focalizando-os como assunto central das sessões e procurando seu bem-estar futuro, distanciando do foco central as mágoas e os ressentimentos de cada parte.

No caso de o mediador receber informações de fatos delituosos que possam implicar risco para a integridade de qualquer dos participantes, deve imediatamente interromper o processo de mediação, encaminhando a informação para as autoridades competentes tomarem as providências cabíveis no caso concreto, pois é obrigado, pelo ordenamento jurídico, a denunciar o delito.

Na lição de Haim Gruspun,[246] em todos os países civilizados, os direitos das crianças são protegidos, igualando-os aos dos outros cidadãos. Nas separações dos pais, os direitos dos filhos precisam ser preservados e protegidos com maiores razões, indicando o autor, dentre outros, alguns direitos que devem ser observados durante o processo de separação ou divórcio dos filhos, quais sejam: toda a criança tem direito a pais, invertendo a concepção clássica dos direitos dos pais sobre os filhos, e no divórcio, esse direito dos filhos deve ser protegido e garantido; toda a criança tem direito de ser tratada como pessoa, em especial, uma pessoa afetada pela separação, com interesses na situação, e não tratada como objeto; toda a criança tem direito de continuar crescendo num ambiente como era seu lar, que será o melhor para garantir a oportunidade de amadurecer e adquirir cidadania responsável; tem o direito de

---

[246] GRUNSPUN, Haim. *Mediação Familiar*. O Mediador e a Separação de Casais com Filhos. São Paulo: Revista dos Tribunais, 2000, p. 38-39.

ter no seu dia a dia, os cuidados, a disciplina, a proteção e, se possível, o amor da parte de quem ficou com a guarda; tem o direito de ter relações construtivas com ambos os pais tem direitos a ter limites semelhantes instituídos por ambos os pais para adquirir uma autodisciplina e maior autonomia na vida adulta.

Desta forma, as sessões de mediação familiar tornam-se um grande instrumento para que os papéis parentais possam ser mantidos ou restabelecidos após a ruptura conjugal.

4.1.3. Ensaio empírico da mediação familiar

As soluções jurídicas para os conflitos familiares enfrentados no ambiente familiar muitas vezes não oferecem alternativas satisfatórias e, com o objetivo de desenvolver técnicas de mediação na tentativa de solucionar os conflitos familiares de forma mais célere, com maior participação dos envolvidos no conflito, foi desenvolvido um projeto interdisciplinar no Foro da Cidade de Gravataí com a implantação da mediação familiar, num convênio firmado entre a Universidade Luterana do Brasil e a Direção do Foro daquela Comarca, onde a Magistrada Rosana Broglio Garbin jurisdicionava à frente da 1ª Vara Cível, no ano de 2001.[247]

A implantação do referido projeto nasceu do reconhecimento da dificuldade de solução de conflitos familiares durante as atividades oferecidas pelo serviço de atendimento jurídico gratuito realizado na Universidade Luterana do Brasil e das demandas judiciais surgidas desses conflitos, na tentativa de propiciar maior espaço de diálogo entre as partes e atenção especial aos problemas apresentados pelos envolvidos.

O projeto funcionou ainda sob uma perspectiva preventiva, para as pessoas que buscavam o Serviço de Assistência Jurídica Gratuita da Universidade Luterana do Brasil, da Cidade de Gravataí, sendo oferecido num momento anterior ao litígio à possibilidade de um espaço para conversarem acerca da ruptura da vida em comum e sobre à viabilidade de um acordo mutuamente aceitável.

---

[247] THOMÉ, Liane Maria Busnello; GARBIN, Rosana Broglio; ABREU, Denis Carara de. Uma Experiência em Mediação Familiar. *Destaque Jurídico: Revista de Estudos Jurídicos*, Gravataí, v. 3, n. 3. 2002, p. 171.

Quando essa mediação preventiva resultava em um acordo, o termo de acordo era transformado em uma separação, dissolução ou divórcio consensual e encaminhado à homologação do Poder Judiciário ou, sendo a vontade das partes e inexistindo filhos menores de idade ou incapazes, encaminhado à Serventia Notarial para o procedimento extrajudicial de dissolução da sociedade ou do vínculo conjugal.

4.2. Papel do mediador

O mediador é um terceiro imparcial que terá atuação direta no auxílio do processo de mediação, não podendo estar comprometido com qualquer das partes, seja em termos profissionais, afetivos ou sociais.

No processo de mediação, o mediador tem um papel fundamental na condução do processo de comunicação entre as partes mediadas, encaminhando-as para um diálogo aberto e franco na intenção de solucionar o conflito.

O mediador, sob a ótica da ciência da comunicação, por meio de técnicas, ensina os mediados a despertarem seus recursos pessoais para que consigam transformar o conflito numa oportunidade na construção de outras possibilidades para o enfrentamento ou à prevenção do conflito.

O mediador não deve decidir pelos mediados, e a essência dessa dinâmica é permitir que as partes envolvidas se fortaleçam, resgatando a responsabilidade por suas próprias escolhas.

O acordo não é obrigatório como medida de sucesso da mediação, podendo a mediação ser utilizada de forma preventiva, anterior ao conflito, fornecendo ferramentas para as partes se responsabilizarem pelas próprias escolhas.

Segundo Trinidad Bernal Samper,[248] o perfil do mediador pressupõe alguns aspectos fundamentais, ou seja, deve ser uma pessoa aberta a soluções pacíficas dos conflitos, postura conciliatória, experiência profissional, sólida formação em mediação e nas

---
[248] FARINHA, António H. L.; LAVADINHO, Conceição, op. cit., p. 26

áreas que lhe são inerentes, podendo, desta forma, intervir com a imparcialidade necessária ao favorecimento da negociação.

A mediação pode ser utilizada após o ingresso da ação em juízo, de forma incidental, transformando a forma das partes lidarem com o conflito.

O mediador é uma pessoa capacitada profissionalmente para ajudar as partes em conflito a encontrarem uma solução e um *expert* na arte de devolver as pessoas sua capacidade negociadora, permitindo que recuperem suas possibilidades de organizar a vida familiar, encontrando elas mesmas soluções inteligentes e benéficas para todos.[249]

Os profissionais do Direito poderão exercer as funções de mediadores, bem como os assistentes sociais, psicólogos e todas aquelas pessoas que se sentirem movidas a buscar formas de resolução de conflitos baseadas em atitudes e orientações de harmonia e pacificação das relações sociais, no entanto, no mesmo caso terão de escolher entre serem mediadores ou profissionais de suas áreas de formação específica.

O Código de Processo Civil impede que o mediador assessore, represente ou atue como advogado para qualquer das partes.[250]

Não basta o desejo de exercer a mediação, pois não é uma função natural, sendo necessária uma formação competente e qualificada, ministrada por entidades reconhecidas e que ofereçam, além da teoria, a possibilidade do exercício da mediação, pois a mediação se aperfeiçoa com a prática do procedimento.

O Código de Processo Civil de 2015 determina a forma de escolha dos mediadores que deverão preencher os requisitos de capacitação indicado pelo Conselho Nacional de Justiça e Ministério da Justiça.[251]

---

[249] CÁRDENAS, Eduardo José. *La Mediación en Conflitos Familiares*. 2. ed. Buenos Aires: Lumem/Hvmanitas, 1999, p. 15-18.

[250] Art. 172. O conciliador e o mediador ficam impedidos, pelo prazo de 1 (um) ano, contado do término da última audiência em que atuaram, de assessorar, representar ou patrocinar qualquer das partes.

[251] Art. 167. Os conciliadores, os mediadores e as câmaras privadas de conciliação e mediação serão inscritos em cadastro nacional e em cadastro de tribunal de justiça ou de tribunal regional federal, que manterá registro de profissionais habilitados, com indicação de sua área profissional. § 1º Preenchendo o requisito da capacitação mínima, por meio de curso realizado por entidade credenciada, conforme

O mediador intervém quando as partes interrompem o diálogo, auxiliando-as a retomarem as negociações e estimulando a procura de soluções adequadas às suas expectativas e realidades.

O mediador poderá ser excluído do cadastro de mediadores se agir com dolo ou culpa, se atuar no procedimento da mediação apesar de impedido nos termos do Código de Ritos, artigo 173.[252]

Na concepção de Maria Nazareth Serpa,[253] o mediador é um terceiro neutro que assiste os disputantes na resolução de suas questões, pautado na autodeterminação das partes, auxiliando na

---

parâmetro curricular definido pelo Conselho Nacional de Justiça em conjunto com o Ministério da Justiça, o conciliador ou o mediador, com o respectivo certificado, poderá requerer sua inscrição no cadastro nacional e no cadastro de tribunal de justiça ou de tribunal regional federal. § 2º Efetivado o registro, que poderá ser precedido de concurso público, o tribunal remeterá ao diretor do foro da comarca, seção ou subseção judiciária onde atuará o conciliador ou o mediador os dados necessários para que seu nome passe a constar da respectiva lista, a ser observada na distribuição alternada e aleatória, respeitado o princípio da igualdade dentro da mesma área de atuação profissional. § 3º Do credenciamento das câmaras e do cadastro de conciliadores e mediadores constarão todos os dados relevantes para a sua atuação, tais como o número de processos de que participou, o sucesso ou insucesso da atividade, a matéria sobre a qual versou a controvérsia, bem como outros dados que o tribunal julgar relevantes. § 4º Os dados colhidos na forma do § 3º serão classificados sistematicamente pelo tribunal, que os publicará, ao menos anualmente, para conhecimento da população e para fins estatísticos e de avaliação da conciliação, da mediação, das câmaras privadas de conciliação e de mediação, dos conciliadores e dos mediadores. § 5º Os conciliadores e mediadores judiciais cadastrados na forma do caput, se advogados, estarão impedidos de exercer a advocacia nos juízos em que desempenhem suas funções. § 6º O tribunal poderá optar pela criação de quadro próprio de conciliadores e mediadores, a ser preenchido por concurso público de provas e títulos, observadas as disposições deste Capítulo.

[252] Art. 173. Será excluído do cadastro de conciliadores e mediadores aquele que: I – agir com dolo ou culpa na condução da conciliação ou da mediação sob sua responsabilidade ou violar qualquer dos deveres decorrentes do art. 166, §§ 1º e 2º; II – atuar em procedimento de mediação ou conciliação, apesar de impedido ou suspeito. § 1º Os casos previstos neste artigo serão apurados em processo administrativo. § 2º O juiz do processo ou o juiz coordenador do centro de conciliação e mediação, se houver, verificando atuação inadequada do mediador ou conciliador, poderá afastá-lo de suas atividades por até 180 (cento e oitenta) dias, por decisão fundamentada, informando o fato imediatamente ao tribunal para instauração do respectivo processo administrativo.

[253] SERPA, Maria de Nazareth. Mediação e as Novas Técnicas de Dirimir Conflitos. In. *I Congresso de Direito de Família*. Repensando o Direito de Família, 1999, Belo Horizonte. *Anais*. Belo Horizonte: Del Rey, 1999, p. 360.

comunicação, na neutralização de emoções, na formulação de opções e negociações de acordos. Como agente externo do contexto do conflito, funciona como um catalisador de disputas, ao conduzir as partes às suas soluções sem interferir na substância dessas soluções.

Dentro do processo de mediação, o papel do mediador é ativo, apoiando os envolvidos na compreensão e análise dos possíveis resultados e custos envolvidos no conflito.

Além do preparo técnico e pessoal do mediador, suas atitudes influenciam a condução e o resultado do processo e dependerão em grande parte da profissão de origem e do tipo de mediador que se queira e se possa ter.

Os advogados, por exemplo, intervêm mais; os psicólogos escutam mais, e a comediação vem se apresentado como uma experiência que tem obtido bons resultados na condução da técnica de mediação.

Independente das peculiaridades, talento e formação dos mediadores, seu objetivo deve visar à transformação do conflito, conduzindo o processo de maneira ética, estimulando ações participativas dos envolvidos e auxiliando na construção de um relacionamento diferente daquele que as partes tiveram anteriormente.

Os rompimentos conjugais trazem frustração e sentimentos de baixa autoestima, incapacitando os cônjuges de sozinhos lidarem com os sentimentos que surgem nesse momento, principalmente em relação aos filhos.

O Direito de Família trabalha com as relações humanas e para que estas alcancem a compreensão e a profundidade na solução dos conflitos, é necessário um espaço de escuta, permitindo a transformação dos conflitos, e não somente a tentativa de solucioná-los por meio de uma sentença judicial.

O Judiciário não oferece um espaço adequado de escuta aos envolvidos nos litígios familiares, constituindo-se a mediação como uma escolha disponível para – ao lado de outros meios de solução de conflitos – encaminhar uma solução capaz de promover a humanização dos conflitos de família.

A mediação reconhece a autonomia de vontade de cada cônjuge dentro da relação familiar e a responsabilidade a ser assumida por cada um dos participantes na solução de seus conflitos.

Para que esse conhecimento seja utilizado como instrumento à concretização de novas formas de solução dos conflitos em Direito de Família é necessária a participação de um mediador, conduzindo a comunicação e o processo de mediação, onde as qualidades e características de cada família possam ser valorizadas. Ninguém melhor que as próprias pessoas para conhecer seus problemas e determinar regras de condutas e acordos próprios.

A mediação estimula a autodeterminação da família, fomenta relações mais harmoniosas dentro das condições possíveis daquela família.

As disputas nem sempre são adversariais, podem ter interesses comuns ou interesses que combinem entre si, sem determinar um ganhador e um perdedor, e a mediação oferece vantagens para todos os envolvidos, sem a definição de um vencedor ou de um vencido na disputa.

As pessoas possuem tempos diferentes de amadurecimento e de evolução frente à separação e discriminar o que é de ordem legal e o que é de ordem emocional é fornecer condições mínimas para que em situação de crise passem a operar de uma maneira mais madura.

A mediação auxilia os pais a determinar, dentro do interesse da criança, soluções mais adequadas ao novo desenho da família, permitindo que sejam avaliadas e estabelecidas as melhores condições de atendimento às necessidades das crianças.

Nos conflitos familiares, a mediação tende a obter mais êxito, pois quando as partes ajustam acordos próprios, o comprometimento e vinculação são mais permanentes.

Um casal com filhos sabe que o vínculo parental terá uma longa duração, e o relacionamento com o ex-cônjuge baseado em condutas de cooperação auxilia em relacionamentos futuros mais harmônicos.

Nos processos judiciais, as brigas encobertas no processo judicial litigioso só conduzem a soluções transitórias, pois o vencido no processo espera a oportunidade de vingança, e o custo emocional e financeiro de um processo litigioso é muito maior.

As mudanças sofridas na família, com o equilíbrio nas relações conjugais, a possibilidade do término do casamento sem as pressões sociais que antes existiam, maior proteção aos filhos, fazem com que se busquem soluções mais autênticas para a humanização da prestação jurisdicional, trazendo a mediação como um instrumento de concretização da cidadania.

A mediação representa uma ferramenta de concretude do princípio da dignidade da pessoa humana, trazendo para a solução dos conflitos familiares resoluções próprias dos envolvidos, inserindo-se nesta forma de solução de conflitos os princípios da solidariedade, da pluralidade, da isonomia, da liberdade e da autonomia de vontade nas relações familiares, possibilitando o desenvolvimento dos valores de cooperação, colaboração mútua, sem hierarquia entre as pessoas, com liberdade para escolherem, se responsabilizarem e se vincularem a ajustes próprios para suas famílias no momento da ruptura.

A mediação capacita os envolvidos no conflito para o exercício do livre desenvolvimento de suas personalidades, responsabilizando as pessoas por suas escolhas, tanto no momento da constituição, como no momento da desconstituição da família.

Ser digno é ser autônomo, responsável, solidário com o próximo e com toda a sociedade e ser visto não como parte em um conflito familiar, mas como uma pessoa singular. A mediação, quando oferece a possibilidade de autogerenciamento do conflito, com menor sofrimento para todos os envolvidos no processo de dissolução do vínculo conjugal, da dissolução da união estável e concretizar a dignidade inerente a cada ser humano.

O Código de Processo Civil de 2015 e a Lei da Mediação nos convidam a reescrever as formas de solucionar os conflitos familiares. Resta saber se vamos aceitar esses novos desafios! Que aceitemos!! É o que se deseja.

Posfácio

A mediação como fonte interdisciplinar

1. A modernidade impôs a segmentação como forma de acompanhar o progresso da técnica e a evolução acelerada dos diversos ramos do conhecimento.

Tem-se uma setorização dos saberes e o abandono do enciclopedismo, que se cobre hoje de vestes insuficientes para a apreensão dos conteúdos, tão vastas se apresentam as vias para a iluminação pessoal.

As ciências cindem-se em compartimentos estanques onde o pesquisador vai usufruir concepções particularizadas aptas para o enfrentamento de perplexidades do momento.

Os nichos singulares substituem as generalidades; as universalidades se curvam às discrições reservadas; as totalidades reverenciam as incursões individuais; há uma apologia da especialização como método de apropriação das necessidades intelectuais.

O saber jurídico não foge ao regramento, embora suas normas sejam quase sempre póstumas aos fatos, pois ocorrem depois dos acontecimentos.

Após a codificação que remanesceu às nações sobreviventes da primeira guerra, a mutação dos hábitos e dos costumes, aliados às novas exigências do grupo humano, deram parto aos microssistemas que proliferaram para atender tais reivindicações sociais e se afinar com a nova pulsação através de leis esparsas, sempre mais hábeis para as transições.

Não se abandonaram os catálogos gerais, ainda destinados à perenidade; mas espocam, aqui e ali, numerosos estatutos dirigidos a determinadas frações, elétricas em suas mudanças, o que exige constante atualização: tal é a referência às informações da medicina no âmbito do direito.

2. Todavia, até para sua sobrevivência, a ciência jurídica não pode abdicar de uma política interdisciplinar em que as especialidades se subjugam à modéstia científica, aceitando constante integração em que conceitos e conteúdos se permeiam em vasos comunicantes.

Forma-se daí um campo de reflexão, constituindo um sistema aberto em que diversas disciplinas se relacionam mediante trocas de informações, procurando sínteses através de vocabulário adequado e enriquecido por linguajar comum.

Todos reconhecem que a interdisciplinaridade é relevante, pois essa comunhão e diálogo com outros setores é fundamental para a solução dos problemas, tanto que as reformas legislativas praticam gestos de proveito, com uso frequente desta interlocução.

Não há mais isolamento ou exílio, mas premente interesse comum em se encontrar pontes que favoreçam um trânsito pacífico do pensamento jurídico com utilização de ferramentas contidas no acervo de outras disciplinas.

Essa política não é avessa à solução dos conflitos familiares.

3. As solicitações da vida moderna e sua competição implicam desafios e decisões que não passam por tranquilas dúvidas apenas, mas motivam dolorosas reações; e frustrações que demolem a estrutura pessoal.

Como disse em outra ocasião, pode ser um engarrafamento; um acidente ou a falta de energia elétrica; o fracasso do pleito ou a sisudez de quem se aguardava um sorriso; o domingo cinzento com a derrota do time predileto; a compra desejada que não corresponda; o plano econômico que prejudica; o emprego que não chegou; a tensão da noite mal dormida; a angústia do telefone que não toca ou a espera de alguém que não chegará; a idade.

Tudo é estresse, um mal do século contemporâneo que muda o ritmo biológico em frenagens e disparadas, estado de desarmonia, de ambiguidades e inseguranças, irritações bruscas, confusão ou grande felicidade.

Pensado por Seyle como síndrome ou desgaste da saúde psicossomática, o estresse é a mobilização química do corpo para atender as exigências da luta pela vida, morte ou fuga; fenômeno inevitável que impõe a adaptação à mudança; mas nem sempre equiparado à ansiedade.

Entre suas manifestações alinham-se a irritabilidade, a expectativa, o pessimismo, a depressão, o isolamento, a impulsividade, o pânico; também perda ou excesso de apetite, a falta de concentração, a reação comovida ao ambiente hostil; e daí alcoolismo, bulimia, tabagismo, consumo de drogas, uso de ansiolíticos e calmantes, fuga psicológica, conduta destrutiva, robotização comportamental.

Então, não é estranho que nele se possam aderir às catástrofes familiares onde os dramas se agudizam e são mais condoídos, os sentimentos atentos, a pele sensível.

A família é o oceano onde navegam as caravelas dos afetos, mas porto onde desembarcam os golpes da decepção e da crueldade; pois o amor também se desarranja, desafeiçoa-se, fica impiedoso; e suas feridas exalam desilusão e ressentimentos, afetando a melodia da congruência do tecido humano.

Nas salas dos advogados desfilam restos de paixões; os promotores viram olhos e ouvidos das antipatias; os psicólogos escutam os queixumes da consternação; e as ruínas de benquerença deságuam nos átrios forenses, na esperança de que os juízes salvem filhos, bens ou lembranças, mitiguem o que eterno não foi.

As mágoas familiares abalam os aprestos da normalidade psicológica e repercutem em alterações da bagagem corpórea, com as sequelas da carência e tormento, agressividade e solidão: também produzem estresse.

Até se organizaram listas com acontecimentos estressantes para as situações das famílias, com escores para os eventos da vida conjugal: a morte do cônjuge ou companheiro; divórcio e separação; casamento; reconciliação com cônjuge ou companheiro; gravidez; dificuldades sexuais; acréscimo de novo membro na família; alteração de situação financeira; número de discussões com o parceiro; comprometimentos com hipoteca ou empréstimos; saída dos filhos de casa; problemas com sogros; fim do emprego do cônjuge ou companheiro; mudança de domicílio; alteração do número de encontros familiares; até férias: tudo não consola a aflição nem abafa o pesar da condolência familiar.

Toca ao Judiciário, em regra, arrolar estes *restos de amor* e declarar, numa divisão maniqueísta, quem venceu ou perdeu nesta contenda íntima, sem considerar algum culpado, pois veredicto difícil ou impossível nesta erosão do edifício conjugal, tanto que tal causa tem sido relegada na avaliação das responsabilidades.

O magistrado, contudo, não dispõe de todos os instrumentos para dirimir esta controvérsia, tão enfeitada se encontra por dados que escapam de sua função; o diagnóstico precisa do socorro de outros profissionais, experientes em pinçar as incidências da alma e contumazes em fotografar alguma ambiguidade nas cores que circundam os sentimentos: então, equipes ou pessoas peritas são convocadas para assessorar a persuasão judicial nesta equação.

Isso tem especial relevo na guarda dos filhos, onde a perícia psicológica ou a intermediação de terceiro consideram os fatores econômicos ou emocionais, a manifestação de vontade do infante e o exame das circunstâncias para definir o genitor em melhores condições de permanecer com o menor.

Aqui se insere a Mediação, como ferramenta e ponte para decidir os conflitos familiares.

A professora Liane Maria Busnello Thomé se destaca no âmbito acadêmico por diversas iniciativas voltadas ao apreço da dignidade da pessoa, princípio solar do ordenamento nacional; sua atividade, em congressos e seminários, revela essa tendência de contribuição às refregas costumeiras no direito de família que enlaçam casais e filhos num buquê de tragédia ou de felicidade.

Tanto que projetou proposta objetivando forma de a universidade colaborar no gerenciamento de uma negociação entre as partes em disputa, visando à continuidade das relações entre os intervenientes através de uma solução razoável.

Ou seja, através de seus quadros institucionais e de sua clientela discente, a corporação incentiva um trabalho especializado na mediação de acordos tanto nos processos em fluxo no serviço de assistência judiciária, como ainda naqueles já em andamento nas esferas jurisdicionais, onde o terceiro atua como facilitador na reaproximação dos demandantes.

A experiência pessoal da autora, construída na diuturna faina de um magistério operoso, a que se soma o labor de uma estudiosa das questões familiares e de advogada voltada ao tema focado, são elementos que recomendam a obra em apoteose.

Partindo da avaliação da família e de seu desenvolvimento histórico em que acentua a condição de modelo aberto, Liane adentra a apropriação dos princípios constitucionais simpáticos ao encaminhamento do trabalho, notadamente os que dizem com a dignidade humana, a igualdade entre os indivíduos e o da solidariedade, além da autonomia da vontade, este de grande transcendência no direito privado.

Já recolhida à sede da investigação, a escritora examina os problemas dos casais, o tratamento que o legislador endereça ao assunto, as causas da ruptura na separação e no divórcio e ainda o papel da culpa na demolição conjugal, todos abordados com desvelo e boa referência doutrinária e jurisprudencial.

O núcleo da fecunda exposição culmina com erudita profilaxia da mediação como instrumento para a proteção da dignidade da pessoa humana, as características da atividade, seu emprego no direito de família, o papel a ser desempenhado pelo mediador; e, finalmente, além das conclusões, a sugestão de uma aplicação concreta da ciência nos dissídios matrimoniais e seus reflexos pessoais ou patrimoniais.

A mediação chegou-nos, principalmente, através de doutrinadores e agentes platinos, onde dita intermediação encontra solo fértil para aplicação do método, tanto que ali são numerosos os escritórios de advogados ou consultórios de psicólogos e médicos dedicados ao seu apostolado.

Desta disseminação vicejam aqui numerosos operadores da técnica da mediação, criam-se cursos de capacitação, avolumam-se as monografias, dissertações e teses sobre a matéria.

Não se duvida que o livro ora prefaciado se constitua em contribuição destacada, tanto pela originalidade do percurso como pela qualidade intelectual de sua autora, inserindo-se no rol das melhores abordagens que a mediação merece.

Porto Alegre, julho de 2010.

José Carlos Teixeira Giorgis
Desembargador aposentado, advogado e professor

Referências

ALVES, Leonardo Barreto Moreira. Reformas Legislativas Necessárias nos Direitos de Família e das Sucessões. *Revista Brasileira de Direito de Família*, Porto Alegre, v. 9, n. 42, p. 131-170, jun./jul., 2007.

——. A Função Social da Família. O Reconhecimento Legal do Conceito Moderno de Família: art. 5°, II, parágrafo único, da Lei n° 11.340 (Lei Maria da Penha). *Revista Brasileira de Direito de Família*, Porto Alegre, ano III, n. 39, p. 131-153, dez./jan., 2007.

ARENDT, Hannah. *A Condição Humana*. 9. ed. Rio de Janeiro: Forense Universitária, 1999.

AZAMBUJA, Maria Regina Fay. O Litígio e a Criança: questões polêmicas. In: SOUZA, Ivone Maria Cândido Coelho de. (org.). *Direito de Família, diversidade e multidisciplinariedade*. Porto Alegre: IDBFAM. 2007, p. 57-63.

BARBOSA, Águida Arrruda. Prática da Mediação: Ética Profissional. In: V Congresso Brasileiro de Direito de Família: Família e Dignidade Humana, 2006, Belo Horizonte. *Anais*. São Paulo: IOB Thomson, 2006.

——. Estado da Arte da Mediação Familiar Interdisciplinar no Brasil. *Revista Brasileira de Direito de Família*. Porto Alegre, ano VII, n. 40, p. 140-151, fev./mar., 2007.

——. A Política Pública da Mediação e a Experiência Brasileira. In: III Congresso de Direito de Família. Família e Cidadania. O Novo CCB e a Vacatio Legis, 2002, Belo Horizonte. *Anais*. Belo Horizonte: Del Rey, 2002, p. 317-327.

——; ALMEIDA, Giselle Groeninga; NAZARETH, Eliana Riberti. Mediação: Além de um Método, uma Ferramenta para a Compreensão das Demandas Judiciais no Direito de Família. A Experiência Brasileira. *Revista Brasileira de Direito de Família*, Porto Alegre, v.2, n.7, p. 19-37, out./dez., 2000.

BARBOZA, Heloisa Helena. O Direito de Família no Projeto de Código Civil: Considerações sobre o "Direito Pessoal". *Revista Brasileira de Direito de Família*, Porto Alegre, v. 11, p. 18-30, out./nov./dez., 2001.

BARCELLOS, Ana Paula de. *A eficácia jurídica dos Princípios Constitucionais*: O Princípio da Dignidade da Pessoa Humana. Rio de Janeiro: Renovar, 2002.

——. Normatividade dos princípios e o princípio da dignidade da pessoa humana na Constituição de 1988. *Revista de Direito Administrativo*, n. 221, 2000.

BONAVIDES, Paulo. *A Constituição Aberta*. Temas políticos e constitucionais da atualidade, com ênfase no Federalismo das Regiões. 2. ed. São Paulo: Malheiros, 1996.

BRAUNER, Maria Cláudia Crespo. As Novas Orientações do Direito de Família. In: BRAUNER, Maria Cláudia. (org.). *O Direito de Família Descobrindo novos Caminhos*. São Leopoldo: Edição da Autora, 2001.

──. Casamento: Uma escuta além do judiciário. In: SOUZA, Ivone M. C. Coelho de. (org.). *Casamento desfeito, famílias fragmentadas*. Florianópolis: VoxLegem, 2006.

──. O pluralismo do Direito de Família brasileiro: realidade social e reinvenção da família. In: WELTER, Belmiro Pedro; MADALENO, Rolf Hanssen (coords.). *Direitos Fundamentais do Direito de Família*. Porto Alegre: Livraria do Advogado. 2004.

──. *Direito. Sexualidade e Reprodução Humana*. Conquistas Médicas e o debate bioético. Rio de Janeiro: Renovar, 2003.

CANOTILHO, José Joaquim Gomes. *Direito Constitucional e Teoria da Constituição*. 3. ed. Coimbra, 1999.

CÁRDENAS, Eduardo José. *La Mediación en Conflitos Familiares*. 2. ed. Buenos Aires: Lumem/Hvmanitas, 1999.

CARVALHO, Dimas Messias de. *Direito das Famílias*. 3. ed. Lavras: UNILAVRAS, 2014.

CARVALHO NETO, Inácio de. A Culpa na Separação Judicial. *Revista Brasileira de Direito de Família*, Porto Alegre, n. 30, p. 50-62, jun./jul., 2005.

CASTORIADIS, Cornelius. *Socialismo ou bárbárie*. Brasília: Brasileiense, 1983.

COLAIÁCOVO, Juan Luis; COLAIÁCOVO, Cyntia Alexandra. *Negociação, Mediação e Arbitragem*. Rio de Janeiro: Forense, 1999.

DIAS, Maria Berenice. *Manual de Direito de Família*. 4. ed. São Paulo: Revista dos Tribunais, 2007.

DIGNIDADE em Família. *Boletim IBDFAM*, Porto Alegre, n. 34, p. 3, set./out., 2005.

DONADEL, Adriane. Efeitos da constitucionalização do Direito Civil no Direito de Família. In: PORTO, Sérgio Gilberto; USTÁRROZ, Daniel. (orgs.). *Tendências Constitucionais no Direito de Família*. Estudos em homenagem ao Prof. José Carlos Teixeira Giorgis. Porto Alegre: Livraria do Advogado, 2003.

DÜRIG, Günter. *Apud* SARLET, Ingo Wolfang. As Dimensões da Dignidade Da Pessoa Humana: construindo uma compreensão jurídico-constitucional necessária e possível. In SARLET, Ingo Wolfang (org.). *Dimensões da Dignidade*. Ensaio de Filosofia do Direito e Direito Constitucional. Porto Alegre: Livraria do Advogado, 2005.

FACCHINI NETO, Eugênio. Reflexões histórico-evolutivas sobre a constitucionalização do direito privado. In: SARLET, Ingo Wolfgang (org.). *Constituição, Direitos Fundamentais e Direito Privado*. Porto Alegre: Livraria do Advogado, 2003.

FACHIN, Luiz Edson. *Elementos Críticos do Direito de Família*. Rio de Janeiro: Renovar, 1999.

──. "Virada de Copérnico": um convite à reflexão sobre o Direito Civil brasileiro Contemporâneo. In: FACHIN, Luiz Edson (coord.). *Repensando Fundamentos do Direito Civil Brasileiro Contemporâneo*. Rio de Janeiro: Renovar, 1998.

——. A Nova Filiação – Crise e Superação do Estabelecimento da Paternidade. In: I Congresso de Direito de Família. Repensando o direito de família, 1999, Belo Horizonte. *Anais*. Belo Horizonte: Del Rey, 1999, p. 123-133.

——. *As Intermitências da Vida*. (o nascimento do não-filhos à luz do código civil brasileiro). Rio de Janeiro: Forense, 2007.

——. *Da Paternidade, relação biológica e afetiva*. Belo Horizonte: Del Rey, 1996.

——. *Estabelecimento da filiação e paternidade presumida*. Porto Alegre: Sergio Antonio Fabris, 1992.

FARIAS, Cristiano Chaves de. *A Separação Judicial à Luz do Garantismo Constitucional:* A afirmação da Dignidade da Pessoa Humana como um Réquiem para a Culpa na Dissolução do Casamento. Rio de Janeiro: Lumen Juris, 2006.

——. O Novo Procedimento da Separação e Divórcio Consensual e a Sistemática da Lei nº 11.441/2007: O bem Vencendo o Mal. *Revista Brasileira de Direito de Família*, Ano VIII, n. 40, fev./mar., 2007, p. 70.

——. Redesenhando os contornos da dissolução do casamento. In: PEREIRA, Rodrigo da Cunha (coord.). IV Congresso Brasileiro de Direito de Família, 2004, Belo Horizonte. *Anais*. Belo Horizonte: Del Rey, 2004, p. 105-126.

——. *Redescobrindo as Fronteiras do Direito Civil*: uma viagem na Proteção da Dignidade Humana. Porto Alegre: Síntese, 2003.

FARINHA, Antônio H. L.; LAVADINHO, Conceição. *Mediação Familiar e Responsabilidades Parentais*. Coimbra: Almedina, 1997.

FINGER, Júlio César. Constituição e direito privado: algumas notas sobre a chamada constitucionalização do direito civil. In: SARLET, Ingo Wolfgang (org.). *A Constituição concretizada:* construindo pontes com o público e o privado. Porto Alegre: Livraria do Advogado, 2000.

GAMA, Guilherme Calmon Nogueira da. Direito de Família pós-moderno: separação de fato e ética. In: SOUZA, Ivone Maria Candido Coelho de. (org.). *Direito de Família, diversidade e multidisciplinariedade*, Porto Alegre: IBDFAM, 2007.

——. Direito de Família pós-moderno: separação de fato e ética. In: SOUZA, Ivone Maria Candido Coelho de. (org.). *Direito de Família, diversidade e multidisciplinariedade*. Porto Alegre: IBDFAM, 2007.

——; GUERRA, Leandro dos Santos. A Função Social da Família. *Revista Brasileira de Direito de Família*, Porto Alegre, ano III, n. 39, p. 154-170, dez./jan., 2007.

GARBIN, Rosana Broglio. *Famílias monoparentais*: da visão singular ao modelo plural. A teoria e a prática dos saberes do cotidiano. Porto Alegre: AJURIS, 2005.

GIORGIS, José Carlos Teixeira. *A Paternidade Fragmentada*. Porto Alegre: Livraria do Advogado, 2007.

GIUSTI, Edoardo. *A Arte de Separar-se*. Um livro que ensina a superar o drama da separação. Rio de Janeiro: Nova Fronteira, 1987.

GRISARD FILHO, Waldyr. O Recurso da Mediação nos Conflitos de Família. *Revista Brasileira de Direito de Família*, Porto Alegre v. 4, n. 14, p. 11-19, jul./set., 2002.

GRUNSPUN, Haim. *Mediação Familiar*. O Mediador e a Separação de Casais com Filhos. São Paulo: Revista dos Tribunais, 2000.

KANT, Immanuel. *Fundamentação da metafísica dos costumes*. São Paulo: Martins Claret, 2003.

LEITE, Eduardo de Oliveira. *Procriações Artificiais e o Direito*. (Aspectos médicos, religiosos, psicológicos, éticos e jurídicos). São Paulo: Revista dos Tribunais.

LÔBO, Paulo Luiz Netto. A Repersonalização das Relações de Família. *Revista Brasileira de Direito de Família*, ano VI, n. 24, p. 136-156, Porto Alegre: IBDFAM, 2004.

——. Entidades Familiares Constitucionalizadas: Para Além do *Numerus Clausus*. *Revista Brasileira de Direito de Família*, Porto Alegre, ano III, n. 12, p. 40-55, jan./fev./mar., 2002.

——. As Vicissitudes da Igualdade e dos Deveres Conjugais no Direito Brasileiro. *Revista Brasileira de Direito de Família*, Porto Alegre, n. 26, ano VI, p. 5-34, out./nov., 2004.

LOTUFO, Renan. Separação e Divórcio no Ordenamento Jurídico brasileiro e comparado. In: I Congresso Brasileiro de Direito de Família, 1999, Belo Horizonte. *Anais*. Belo Horizonte: Del Rey, 1999, p. 207-212.

MARQUES FILHO, Agostinho Ramalho. *et al*. *Direito e Neoliberalismo: elementos para uma leitura interdisciplinar*. Curitiba: Editora do Instituto Brasileiro de Estudos Jurídicos, 1996.

MARTINELLI, Dante P.; ALMEIDA, Ana Paula de. *Negociação e Solução de Conflito*. Do Impasse ao ganha-ganha através do melhor estilo. São Paulo: Atlas, 1998.

MAUER, Béatrice. Notas sobre o respeito da dignidade da pessoa humana... ou pequena fuga incompleta em torno de um tema central. In: SARLET, Ingo Wolfgang. (org.). *Dimensões da Dignidade*. Porto Alegre: Livraria do Advogado, 2005.

MIRANDA, Jorge. *Manual de Direito Constitucional*. 3. ed. Coimbra: Coimbra Editora, 2000, v. 2.

MONTESQUIEU. *Do Espírito das Leis*. Tradução de Jean Melville. São Paulo: Martin Claret, 2003.

MORAES, Maria Celina Bodin de. A Caminho de um Direito Civil Constitucional. *Revista de Direito Civil*, São Paulo, n. 65, p. 21-32. 1999.

——. A família Democrática. In: PEREIRA, Rodrigo da Cunha. (coord.). V Congresso Brasileiro de Direito de Família, 2006, Belo Horizonte. *Anais*. Belo Horizonte: IBDFAM, 2006, p. 613-640.

——. O Conceito de Dignidade Humana: substrato axiológico e conteúdo normativo. In: SARLET, Ingo Wolfgang (org.). *Constituição, Direitos Fundamentais e Direito Privado*. Porto Alegre: Livraria do Advogado. 2003.

MORAIS, José Luis Bolzan de. *Mediação e Arbitragem*. Alternativas à Jurisdição! Porto Alegre: Livraria do advogado, 1999.

MOTTA, Carlos Dias. *Direito Matrimonial e seus princípios jurídicos*. São Paulo: Revista dos Tribunais, 2007.

MOUZALAS, Rinaldo; TERCEIRO NETO, João Otávio; MADRUGA, Eduardo. *Processo Civil*. volume único. 8. ed. Salvador: JusPodivm, 2016.

OLIVEIRA, Euclides Benedito de. Separação de Fato – Comunhão de Bens – Cessação. *Revista Brasileira de Direito de Família*, Porto Alegre, v. 1. n.1, p. 142-154, abr./jun., 1999.

——; HIRONAKA, Giselda Maria Fernandes. Do Direito de Família. In: DIAS, Maria Berenice; PEREIRA, Rodrigo da Cunha. (coords.). *Direito de Família e o Novo Código Civil*. Belo Horizonte: Del Rey/IBDFAM, 2001.

PEREIRA, Rodrigo da Cunha. A desigualdade dos gêneros, o declínio do patriarcalismo e as dicriminações positivas. In: I Congresso Brasileiro de Direito de Família. Repensando o Direito de Família, 1999, Belo Horizonte. *Anais*. Belo Horizonte: Del Rey, 1999. 161-173.

——; DIAS, Maria Berenice. (coords.). Direito de Família e o Novo Direito Civil. Resenha de Livros. *Revista Brasileira de Direito de Família*, Porto Alegre, n. 11, p. 138-141, out./nov./dez., 2001.

PEREIRA, Sérgio Gischkow. *Direito de Família.* Aspectos do Casamento, sua eficácia, separação, divórcio, parentesco, filiação, regime de bens, alimentos, bem de família, união estável, tutela e curatela. Porto Alegre: Livraria do Advogado, 2007.

PERLINGIERI, Pietro. *Perfis do Direito Civil*. Introdução ao Direito Civil Constitucional. 3. ed. Trad. Maria Cristina de Cicco. Rio de Janeiro: Renovar, 1997.

PERROT, Michelle. O Nó e o Ninho.Repositório de Jurisprudência autorizado pelo Supremo Tribunal Federal sob n. 004/85 e pelo Superior Tribunal de Justiça, sob n. 12 (portaria n. 8/9), *Revista de Direito Civil, Imobiliário, Agrário e Empresarial*.

PEZZELLA, Maria Cristina Cereser. *A Eficácia Jurídica na Defesa do Consumidor.* O Poder do Jogo na Publicidade. Porto Alegre: Livraria do Advogado, 2004.

PONTES DE MIRANDA. *Tratado de Direito Privado*. Parte Especial. Atualizado por Vilson Rodrigues Alves. Campinas: Bookseller, 2000, t. VIII.

PORTO, Sérgio Gilberto. Doutrina e Prática dos Alimentos. 3. ed. Revista dos Tribunais, 2003.

RIBEIRO, Renato Janine. A Família na Travessia do Milênio. In: PEREIRA, Rodrigo da Cunha. (coord.). II Congresso Brasileiro de Direito de Família. A Família na Travessia do Milênio, 2000, Belo Horizonte. *Anais*. Belo Horizonte: IBDFAM: OAB-MG: Del Rey, 2000. 15-24.

RIOS, Roger Raupp. *A homossexualidade no Direito*. Porto Alegre: Livraria do Advogado, 2001.

SANTOS, Boaventura de Sousa. Disponível em: http://www.nominimo.com.br Acessado em: 10 out. 2007.

SANTOS, Fernando Ferreira dos. *Princípio Constitucional da dignidade da pessoa humana*. São Paulo: Celso Bastos, 1999.

SANTOS, Luiz Felipe Brasil. A Separação judicial e o divórcio no novo Código Civil. In: SARLET, Ingo Wolfang. (org.). *O Novo Código Civil e a Constituição*. 2 ed. Porto Alegre: Livraria do Advogado, 2006.

SARLET, Ingo Wolfgang. *Dignidade da Pessoa Humana e Direitos Fundamentais*. Porto Alegre: Livraria do Advogado, 2005.

——. As Dimensões da Dignidade Da Pessoa Humana: construindo uma compreensão jurídico-constitucional necessária e possível. In: SARLET, Ingo Wolfgang (org.). *Dimensões da Dignidade*. Ensaio de Filosofia do Direito e Direito Constitucional. Porto Alegre: Livraria do Advogado, 2005.

SERPA, Maria de Nazareth. Mediação e as Novas Técnicas de Dirimir Conflitos. In: I Congresso Brasileiro de Direito de Família. Repensando o Direito de Família, Belo Horizonte, 1999. *Anais*. Belo Horizonte: Del Rey, 1999. 355-394.

TEPEDINO, Gustavo. O Papel da culpa na separação e no divórcio. In: PEREIRA, Rodrigo da Cunha. (coord.). Repensando o Direito de Família. I Congresso Direito de Família. *Anais*. Belo Horizonte: Del Rey, 1999.

——. *Temas de Direito Civil*. Rio de Janeiro: Renovar, 1999.

THOMÉ, Liane Maria Busnello; GARBIN, Rosana Broglio; ABREU, Denis Carara de. Uma Experiência em Mediação Familiar. *Destaque Jurídico: Revista de Estudos Jurídicos*, Gravataí, v.3, n.3, p. 171-185, 2002.

——. Os Pactos Pós-nupciais incidentais e os registros públicos. In: MADALENO, Rolf. (coord.). *Ações de Direito de Família*. Porto Alegre: Livraria do Advogado, 2006.

——; FELIX, Denise. A Guarda Compartilhada como Alternativa para as Novas Relações Parentais. *Destaque Jurídico: Revista de Estudos Jurídicos*, Porto Alegre, p. 125-128, 2002.

TOFLER, Alvin. *A Terceira Onda*. 4. ed. Rio de Janeiro: Editora Record, 1980.

TORRES, Jasson Ayres. *O Acesso à Justiça e Soluções Alternativas*. Porto Alegre: Livraria do Advogado, 2005.

ANEXO
Projeto Mediação Jurídica

ULBRA – Universidade Luterana do Brasil – Gravataí
CURSO DE DIREITO

Professor Envolvido: **Liane Maria Busnello Thomé**
Denis Carara de Abreu

Fevereiro de 2001

TÍTULO
Mediação Jurídica

JUSTIFICATIVA:

A proposta apresentada faz parte de um projeto maior, chamado "Projeto de Atividades e Ações Comunitárias do Curso de Direito do Campus de Gravataí", idealizado pela coordenação do curso.

As atividades de "Mediação Jurídica" apresentam-se como uma forma de exercitar uma das alternativas a resolução dos conflitos, onde um terceiro, o mediador, gerencia o processo de negociação entre as partes em disputa. O acordo final busca resolver o problema com uma solução mutuamente aceitável de maneira a manter a continuidade das relações.

Neste contexto, justifica-se o desenvolvimento do projeto na 1ª Vara Cível da Comarca de Gravataí, tendo como ideias centrais as seguintes:

A prática dos atendimentos do SAJULBRA (Serviço de Assistência Jurídica Gratuita) apontam a necessidade do trabalho especializado em mediação tanto para: facilitar os acordos necessários na elaboração dos processos jurídicos quanto na solução de processos em andamento, assim como, a retomada do crescimento pessoal e social das pessoas envolvidas. O mediador funciona como facilitador do processo podendo ou não terminar em acordo. Isso proporciona uma reaproximação entre os indivíduos.

As questões conflitantes nem sempre são concretas e as partes trazem sentimentos de mágoa/rancor que dificultam os acordos. Soma-se a isso, o fato de que muitos acordos não se efetivam por falta de comprometimento das partes.

A mediação apresenta-se como a construção de um espaço intermediário entre os participantes, com a ruptura dos modelos tradicionais do tipo "ganhar/perder" e propõem-se a trabalhar coletivamente na busca de solução do conflito.

OBJETIVO:

Tem como objetivos principais:

1º) desenvolver técnicas de mediação, na tentativa de solucionar os conflitos das pessoas em litígio de forma mais célere, dentro de um trabalho interdisciplinar;

2º) meio de divulgação do Serviço de Assistência Judidica Gratuita da Ulbra-Campus de Gravataí (SAJULBRA Gravataí), dentro da comunidade em que a Universidade está localizada e do Poder Judiciário;

3º) Utilização da atividade de extensão dentro do processo de ensino-aprendizagem, pelos corpos docente e discente.

4º) Aproximação do acadêmico com a realidade do judiciário na realização do procedimento antes do litígio ou mesmo após, na intervenção em processos de separação ou divórcios a serem ou já interpostos no judiciário.

PÚBLICO ALVO E LOCAL:

Cidadãos gravataienses que tenham interposto ações judiciais na área de família perante o Foro da Comarca de Gravataí ou busquem atendimento no SAJULBRA.

MODO DE EXECUÇÃO:

A juíza da 1ª Vara Cível de Gravataí agenda uma audiência de mediação, que é realizada por um advogado (professor da Ulbra) e um psicólogo (professor da Ulbra). Dentro deste contexto, é proposta a mediação. Sendo alcançado acordo, os autos vão conclusos para homologação. Não sendo alcançado no primeiro encontro, é agendada uma segunda oportunidade de mediação. As mediações são realizadas na sala de audiências da 1ª Vara Cível de Gravataí.

As mediações preventivas ocorrerão no Sajulbra – Serviço de Assistência Jurídica Gratuita da Ulbra de Gravataí e a monitora responsável pela triagem encaminha para o mediador o casal para tentativa de solução amigável do litígio. Em caso positivo o mediador encaminha o casal para o SAJULBRA I para a confecção da peça adequada e no caso negativo a parte que buscou o SAJULBRA primeiramente será encaminhada para a elaboração da peça processual cabível.

DATA DA REALIZAÇÃO DAS ATIVIDADES PLANEJADAS:

São agendadas audiências semanais no FORO e no SAJULBRA.

RECURSOS NECESSÁRIOS:

02 Professor do Curso de Direito

ÓRGÃOS ENVOLVIDOS:

Poder Judiciário (Comarca de Gravataí).